새로운 충견들
프랑스 미디어의 허와 실

세르주 알리미

김영모 옮김

東 文 選

새로운 충견들

Serge HALIMI

Les nouveaux chiens de garde

차 례

"우리는 철학자의 가면에 인정된 존경이 결과적으로 은행
가의 권력에만 이익이 된다는 사실을 영원히 수용하지 않을
것이다."

폴 니장, 《충견들》 중에서

이 책은 분명히 말하지만 소멸되기 쉽고 날아가 버릴 수 있는 정보의 방법론적 기록에 관한 책이다. 말하자면 라디오 방송이나 TV 방송에서 내뱉은 말은 날아가고, 일상적인 대담은 또한 순간적이다. 고문서 보관인의 일과 같은 이 작업은 결과적으로 저널의 실천에서 눈에 띄지 않는 버팀목 중의 하나, 즉 독자들에게서와 마찬가지로 기자들 세계에서도 큰 부분을 차지하고, 아울러 자가당착과 부조화, 게다가 급변과 표변을 영원히 정당화시키는 구실을 하는 **건망증**을 없애 주었다. 이 작업은 다음과 같은 **책임** 논리를 도입시켰다. 말하자면 어째서 기자들은 자신들이 사교계와 권력 세계에서 그 어떤 힘을 행사하고 있음에도 불구하고 자신들의 말에 책임지지 않으려고 할까? 어째서 기자들은 자신들이 다른 권력가들, 특히 정치인들의 심판에 그토록 자의적으로 발벗고 나섬에도 불구하고 자신들의 입장 표명에 대한 설명을 하지 않으려 하고, 자신들의 인생을 인도하고, 자신들의 직업을 수행하는 자신들의 방식에 대한 설명조차 하지 않으려는 것일까?

이 텍스트는 일부 사람들의 평판을 떨어뜨리거나, 더욱이 기자란 직업 세계를 폄하하기 위한 작업이 결코 아니다. 이 책은 기자들 스스로가 인정하는 관용에서 아무것도 얻을 수 없다는 사실을 확신하면서 객관화라는 최소한의 시도 앞에서 늑대와 함께 울부짖는 것에 스스로 만족하는 대신, 공모의 침묵을 깨고 자신의 기자 세계에 대한 비평적 증언을 해보이려는 한 기자에 **의해** 씌어진 책이다. 아울러 이 책은 자신들의 직업을 성실히 수행하지만, 일부 기자들에 의해 저질러진 실추된 이미지로 인해 고통받고 있는 기자들**을 위해** 씌어진 책이다. 해직의 사실을 숨기는 것으로만 도움이 될 수 있다는 것이 기자의 본분이란 가장 흔한 미사여구를 결코 따르지 않고, 이 책은 모든 사람들, 즉 기자든 신문의 독자든 방송의 시청자나 청취자든 그 권위를 충분히 의식하고 있는 저널리즘이 할 수 있는 일이 무엇인지를 환기시켜 준다.

리베르 출판사

서 론

　1932년 폴 니장[1]은 '자기 시대의 부도덕한 시사 문제'에 대한 자신의 참여를 위대한 개념 더미 아래로 숨기기를 좋아하는 철학자들을 고발하기 위해 《충견들》이라는 에세이를 썼다. 오늘날에도 이들을 흉내내는 사람들은 종종 강단보다는 변조된 기사와 마이크를 자유자재로 이용한다. 현재의 국내외 사회·정치 문제의 연출가들인 이들은 앞을 다투어 변조된 기사와 마이크를 또다시 변형시킨다. 이들은 이 세상 권력가들의 이권에 고용되어 있는 사람들이다. 바로 이들이 '새로운 집 지키는 개들'이다.

　그런데 이들은 자신들을 자칭 '권력에 대한 견제 세력'이라고 말한다. 정력적이지만 존경심이 부족하고, 어두운 사람들과 힘없는 사람들의 대변인, 살아 있는 민주주의의 광장, 이것이 바로 기자들의 세계이다. 미국인들은 다음과 같은 양식으로 기

---

　1) 폴 니장(1905-1940)은 1905년 2월 5일 투르에서 태어났으며, 레이몽 아롱(Raymond Aron)·장 폴 사르트르(Jean-Paul Sartre)와 에콜 노르말 쉬페리에르(파리고등사범학교: ENS) 동창생이며, 금년이 니장 탄생 1백 주년의 해이기도 하다. 저서로는 《충견들 *Les chiens de garde*》《트로이의 목마 *Le cheval de Troie*》 등이 있으며, 《르 몽드》와 《뤼마니테》지 등에 많은 글을 기고하였다.〔역주〕

자들의 성직을 간결하게 표현한 바 있다: "고뇌 속에 살고 있는 이들의 용기를 북돋아 주고, 안락 속에 살고 있는 이들을 괴롭힌다." 권력에 대한 견제 세력은 가라앉았다. 그리고 이 견제 세력은 자신이 섬겨야 하는 사람들을 향해 몸을 돌렸다. 말하자면 감독해야 할 사람들을 섬기기 위해서. 하지만 침묵의 법칙은 금이 가고 있다. 우리들의 위대한 논설위원들이 만족하고 있는 귀기울임을 갑자기 참을 수 없게 만드는 것이 사회적 분열의 깊이란 말인가? 이것이 인위적인 토론에서의 대적, 상식을 벗어난 명성, 상호간의 서비스, TV 방송에의 편재를 이들의 미세한 이데올로기 주위로 배가시켜 주는 사회의 공모라는 파렴치란 말인가? 이것이——아울러 매번 승리하는——언론 자유의 마지막 보루에 대한 기업들의 반복된 공격이란 말인가? 일부 여론은 "[…] 현대의 절대 복종의 제국, 말하자면 마침내 잠자고자 하는 욕망만을 표현하는 억압된 사회의 악몽에서 결코 지지 않는 태양"의 연극에 반항한다.[2]

솔직한 또는 경솔한 접근 방식인지 모르겠지만, 어느 날 프랑스 TV 방송에서 가장 영향력 있는 기자인 파트리크 푸아브르 다르보르[3]는 자신의 기자로서의 임무를 다음과 같이 설명

---

2) 기 드보르(Guy Debord), 《연극의 세계 *La société du spectacle*》, 가이아르 출판사, 1992, p.7-11.

3) 파리정치학교(Institut des Études Politiques de Paris: 이하 IEP로 표기)와 파리동양어학교를 졸업하고, 프랑스 앵테르 방송에서 기자 생활을 시작했다. 페페데아(PPDA)란 애칭으로 잘 알려진 프랑스에서 가장 인기 있는 앵커인 파트리크 푸아브르 다르보르는, 1976년 장 엘카바크에 의해 프랑스 제1TV 방송의 8시 메인 뉴스의 앵커로 영입된 이후 현재까지 이 방송의 8시 뉴스를 담당하면서 소설가로도 명성을 얻고 있다. 《우유부단 *L'irrésolu*》이라는 제목의 소설로 2001년 언론계 종사 문필가에게 주어지는 '앵테랄리에' 상을 수상했다.

했다: "우리는 세상의 매끈한 이미지를 제공하기 위해 있는 사람들이다." 매끈매끈하고 모든 점에서 한 사회 계급의 이해 관계에 일치하는 이미지란 얘기였다. 1927년 '성직자의 배반'을 고발하면서, 쥘리앵 방다[4]는 "현실주의 작가에게서 흔히 찾아볼 수 있는 명성을 쌓고 은총을 베푸는 부르주아 계급의 마음에 드려는 의지"[5]를 이미 강조했었다. 이로부터 70년 후, 우리들은 이러한 방다의 예언과 일치하는 많은 증거 앞에서 동요한다. 특히 우리가 아주 고풍스런 말에 해당되는 '부르주아 계급'이란 단어를 '결정권을 가진 힘 있는 사람들'이란 단어, 즉 질서의 호위자라는 자신들의 역할을 더 이상 은폐하지 않는 뉴스 전문가들의 '과녁의 중심'이란 말로 대체하는 것으로 충분하다는 사실을 이해하였을 때 동요하게 된다.

영향력 있는 기자들은 사람들이 자신들의 공적을 주목하는 것을 좋아한다. 기사·고발·인물 묘사와 대담이 부족할 때, 이들은 집필하고 부드럽게 연출하며, 자신들의 취재의 성공과 실망에 대해 이야기한다. 이 세계의 대기자들은 자신들에게 위

이외에도 《해적과 해적선 *Pirates et Corsaires*》 《쥘 베른을 통해 본 세상 *Le Monde selon Jules Verne*》 《동 쥐앙의 죽음 *La mort de Don Juan*》 《가장 아름다운 사랑의 시 *Les plus beaux poèmes d'amour*》 《사랑의 배반 *Une trahison amoureuse*》 《새벽의 어린이들 *Les enfants de l'aube*》 등의 작품이 있다.〔역주〕

4) 쥘리앵 방다(1867-1956): 프랑스의 철학자 겸 작가이며, 앙리 베르그송의 직관주의에 대해 이성과 정신을 강조하는 철학 이론을 정립했다. '드레퓌스 사건'(1898)에 대한 기사로 문필 생활을 시작하였으며, 《성직자들의 배반 *La Trahison des clercs*》 《비잔틴의 프랑스 *La France byzantine*》 등의 소설과 자전적 소설 《어느 목사의 청춘 *Jeunesse d'un clerc*》과 그의 사상의 핵심인 《유럽 국가에 대한 연설 *Discours à la nation européenne*》 등이 있다.〔역주〕

5) 쥘리앵 방다, 《성직자들의 배반》, 그라세 출판사, 1975년 p. 205.

임한 비밀과 조용한 사무실에 틀어박혀 있기를 좋아하는 삶에서 모험이나 전쟁과 같은 자신들이 참여했던 얼마 안 되는 취재일들을 이야기한다. 이와 같은 방식은 이미 알려진 사실이다. 종종 이러한 방식은 이 기사를 책임지는 사람에 의해 정확하게 작성된 기사를 만들도록 한다. 하지만 이 방식은 실망스럽기도 하다. 언론에서 진정한 권력을 가진 사람은 자신의 속내를 털어놓지 않는다. 룰타비유(Rouletabille)[6]는 베이루트나 바그다드로 출발할 수 있다. 빌 게이츠나 테드 터너[7]가 이미 멈춰선 곳은 시애틀이나 애틀랜타이기 때문에 레바논이나 이라크에서 일어나는 그 어느것도 마이크로 소프트나 타임 워너[8]의 친구들이나 사업에 결코 의혹을 품게 할 수 없다.

그렇지만 검열은 더욱 효율적이다. 검열은 스스로 말할 필요가 없을 때, 사장의 이해 관계가 '보도국'의 이해 관계와 기적과 같이 일치할 때 더욱 효과적이다. 기자는 놀랄 만큼 자유롭다. 아울러 기자는 행복하다. 사람들은 기자들에게 무엇보다도 스스로 힘 있는 사람이라고 믿을 권리를 부여했다. 이들은 자유와 시장에 개방된 베를린 장벽의 돌파구에 마음이 들뜬 사람이 되기도 하고, 페르시아 만의 걸프 전쟁에서 공격 목표를 미리 정해 놓고 감행했던 대규모 파괴 전쟁에 참여한 서양의 지원군을 헬리콥터로 수송하는 미국의 무적함대에 의해 현혹된

---

6) 가스통 르루(Gaston Leroux)의 《노란 방의 신비 *Mystère de la chambre jaune*》에 나오는 주인공으로 리포터-탐정으로 활약하는 인물. [역주]
7) 미국의 언론 방송 재벌로 1998년 기준 미국의 스물여섯번째 부호. [역주]
8) 미국의 언론 방송 재벌로 CNN을 비롯하여 전 세계에서 1백30여 개의 잡지를 발행하고 있다. [역주]

키 작은 군인이 되기도 하며, 마스트리히트 조약의 투표시에 유럽통화의 대변호사가 될 수도 있다. 말하자면 리포터들과 해설가들은 자신들의 열정과 힘을 표현하기 위해 백지 위임장을 갖고 있다. 세상은 '정보 사회'에서 자신의 새로운 위계 질서와 새로운 지배자들을 동요시킨다. 하지만 이러한 환희의 순간에 장관들, 군의 장성들과 은행가들에 의해 너무나 지나치게 둘러싸인 권력 견제는 표정이 밝을 수 없다. 아울러 '새로운 패러다임'은 고대의 풍자화를 빼닮았다.

기자들이 비록 자신들의 사주, 편집국장, 시청(구독)률, 직업의 불안정, 경쟁, 공모(共謀) 사이에서 꼼짝달싹 못하며, 더 이상 자율성을 갖고 있지 못할지라도, 이들은 자신의 동지 앞에 보여 줄 자신이 작성한 신문이나 방송에 '게재하거나 내보낼' 기사나, 자신의 능력을 입증하게 될 기사를 여전히 찾고 있다. 직업 세계에서, 예컨대 밀수에서 장물아비에게 물건을 팔아넘길 때 주고받는 간단한 말이나 서로의 이견에 대한 조정을 짧은 시간 내에 끝낼 수 없다는 것은 가장 큰 무능력에 속한다. 아울러 언론사 사주에게도 기자들에게 압력밥솥의 밸브처럼 청량제와 같은 자신들의 별볼일 없는 권위를 양도하지 않는 것, 말하자면 기자들에게 스트레스를 해소할 수 있는 최소한의 배려조차도 해주지 않는 것 또한 일종의 서투름에 속하는 일일 것이다.

일반적으로 '권력-견제'에 대한 환상은 두 가지 방식으로 연마된다. 지금까지 가장 장관인 것은 기자들의 살해라는 비극적인 일이며, 이것 또한 진실이다. 10년 전부터 1백73명의 기자들이 라틴아메리카에서 살해되었다. 가장 흔한 기자들의 죽음의 원인은 군대에 의한 살해였고, 이러한 군인들에 의한 살인 행위는 항상 그 처벌이 면제되었다. 전쟁터에서 살해된 특파원 숫자 또한 엄청나다. 대체로 정보를 제공한다는 이들의 의무감에서 비롯된 희생은, 표준화된 기자란 직업과 공손한 스타급 기자들이 무척 좋아하는 성인 전기의 자료를 제공한다.

'기자란 직업 의무론 헌장'은 명백한 사실을 은폐하는 또 다른 방식이다. 우선 보기에 이러한 의도는 오히려 칭찬할 만하다. 왜냐하면 보도가 다른 상품과 동일한 상품이 아니고, 그 상품을 제조하는 사람이 실제로 특별한 주의를 기울여야 하기 때문이다. 하지만 이러한 형태의 처방은 특히 직업의 위대한 신비, 즉 직원들의 권력의 신비를 살찌운다. 왜냐하면 보도라는 것은 사실을 보도하는 기능이 멈춰 서는 순간 비난받을 수 있는 다른 상품과 마찬가지로 사거나 팔 수 있는 상품으로 전락하기 때문이다. 회사는 이때부터 이러한 상품으로 조직될 것이다. 또한 회사는 우리가 알고 있듯이 매일 더 민영화되고, 더 상품화된다. 그렇지만 이것 또한 놀라운 탁상공론이다. 왜냐하면 사람들은 정보가 사회의 기타 영역을 조직화하고 있는 규칙에서 벗어나기를 원하고 있기 때문이다. 따라서 회사만이 다른 곳에서처럼 '고전적'이라고 간주된 사상인 윤리위원회와 봉급생활자들의 공동 관리에 의존할 것이다. 이 세기말의 자본주의의 위대한 반혁명을 끊임없이 앙양시키고, 르노 자동차의 벨기에 출신 노동자들을 임금이 저렴한 브라질 출신 노동자로 대체하는 것이 '무시할 수 없는 일이 되었다'라는 사실을 설명할 줄 알고, 세계화가 확실하게 각자가 상황의 변화에 스스로 적응하도록 강요한다는 사실을 잘 설명할 줄 아는 사람들 자체로부터 오는 이러한 무문별은 뜻하지 않게 찾아올 수 있다. 하지만 어떻게 기자에게 슈퍼마켓 사장의 상업적 전략에 관해 슈퍼마켓의 계산원보다 더 많은 대단한 정보를 갖고 있지 않다는 사실을 신중하게 알려야 하는가? 그토록 많은 산업 연수, 그토록 많은 직업에 대한 불안정, 그토록 많은 고용 기간이 명시된 계약서가 기자들의 현주소이다. 말하자면 기자들은 밥 우드워드[9]의 후계자가 되기를 꿈꾸어 왔지만, 결국 마르탱 부이그[10] 가문의 도급으로 일하는 노동자일 뿐이다.

---

9) 《뉴욕 타임스》지에 의해 미국에서 가장 영향력 있는 리포터로 선정된 언론인으로 워터게이트 사건을 취재했으며, 1982년부터 《워싱턴 포스트》의 편집국장으로 일하였고, '미국언론인상' '퓰리처상' 등을 수상했으며, 《대통령의 사람들 *All the President's Men*》《마지막 날 *The Final days*》《비망록: 클린턴 대통령의 백악관 *The Agenda: Inside The Clinton White House*》《선택 *The Choice*》 등의 베스트셀러 작품이 있다. 〔역주〕

10) 프랑스의 대표적인 민영기업 중의 하나로 건설·통신·부동산 등에 과감한 투자를 하고 있으며, 프랑스 제1TV 방송을 소유하고 있다. 〔역주〕

1
해바라기 성향의 저널리즘

기자의 독립성에 대한 전설적인 이야기는 거의 동일한 전주곡으로 항상 사용되어 왔다. 그 옛날 1960년대 프랑스에서는 문화공보부 장관이 자신의 사무실에서 지시를 전달하기 위해 공영 라디오나 TV 책임자들에게 전화를 걸 수 있었다. 또한 이때는 장관이 개인적으로 시청자들에게 밤 8시 메인 뉴스의 새로운 정관에 대해 설명하는 일도 일어났다. 어색한 캉디드[1]의 역할이라는 알랭 페이르피트[2]와 관계되는 이미 1백 번도 더 들은 이 이야기는, 페이르피트의 장관 시절에 일어났던 혼란스런 소동의 일면을 보여 준다. 암시된 결론은 다음과 같다. 즉 시대가 변했다. 아울러 권력과 정보 사이에서 널리 알려진 '탯줄'은 예전의 초인종의 선과 마찬가지로 확실히 절단되었다. '프랑스의 목소리'는 죽었다. 현재의 커뮤니케이션의 특권

---

1) 프랑스어의 어의 그대로 '순진하고 천진함'을 의미하는 볼테르(Voltaire)의 연극 작품 《캉디드 *Candide*》의 제목이자 주인공의 이름.〔역주〕

2) 알랭 페이르피트(1925-1999): 에콜 노르말(ENS)과 국립행정학교(ENA)를 졸업했으며, 공보부 장관(1962-1966)·교육부 장관(1967-1968) 등을 역임하였고, 아카데미 프랑세즈 회원으로 활동했던 수필가. 작품으로는 《꺾인 갈대 *Les Roseax froissés*》 등이 있다.〔역주〕

적 지식인은 이러한 사실을 의심하는 사람에게 크리스틴 오크랑[3]의 다음 말을 빌려 퉁명스럽게 대답한다: "프랑스 국영 라디오 텔레비전 방송국(ORTF)[4] 시기 이후 걸어온 길에 대해 감탄하지 않으려면 잘 잊어버려야만 한다."[5]

하지만 잘 감탄하기 위해서는 잊어버려야 하고, 시야가 짧아야 한다. 프랑스의 새로운 대통령의 마음에 들지 않았기 때문에——그런데 실제로 대통령의 친구 가운데 한 명이 주간지《렉스프레스》[6]의 소유주(아바스(Havas)의 사장인 피에르 도지에)가 되었다——지체 없이 《렉스프레스》지에 편집국장의 직책에서 해고될 것이라고 1996년 크리스틴 오크랑 자신에게 통보한 것은 바로 초인종 대신 틀림없이 한 통의 전화였다. 오크랑의 고통은 아주 많은 보상금을 받음으로써 완화될 수 있었다.

이와 어느 정도 유사한 주제가 아주 많이 취급되었고, 종종 실망을 주는 매스미디어와 권력 사이의 관계와 같은 아주 실망스런 방식의 일들이 또한 취급되었다. 어디에서? 누가? 언제?

---

3) 파리정치학교(IEP) 출신의 앵커 겸 작가로 프랑스 방송계의 여왕으로 칭송될 만큼 인기가 높다. 국경 없는 의사회의 창립 멤버 중의 한 사람인 의사 베르나르 쿠쉬네르(Bernard Couchner)의 부인이기도 한 오크랑은 프랑스 제2TV 방송의 밤 8시 뉴스의 최초 여성 앵커로 명성을 날렸으며, 《마음의 회상 *La mémoire du coeur*》《왕자들의 사생활 *Dans le secret des princes*》《힐러리 여사의 이중 생활 *La double vie d'Hillary Clinton*》《프랑수아즈 지루 여사 *Francoise Giroud*》《부시-케리 *Bush-Kerry*》 등의 작품이 있다. 〔역주〕
4) 1974년 해체된 프랑스 라디오 텔레비전 방송. 〔역주〕
5) 크리스틴 오크랑, 《마음의 회상》, 파이야르 출판사, 1997, p.24.
6) 1953년에 창간된 《르 누벨 옵세르바퇴르》·《르 푸앵》지 등과 더불어 프랑스를 대표하는 지성 주간지 가운데 하나. 〔역주〕

무엇을? 어떻게? 모든 정보를 구성할 수 있을 것처럼 보이는 이러한 질문들은 정보에 관해 ……를 문의하는 것이 문제될 때, 그렇지만 이러한 문제는 한번도 제기된 적이 거의 없다. 특별한 배려, 직업상의 침묵의 법칙, 또는 자신의 저서를 베스트셀러 명단에 오르게 할 미디어의 배를 불태우지 않기를 바라는 저자의 계산 등이 동시에 영향을 미친다. 특히 책의 내용이 평범하다고 하더라도 모든 매스미디어에서 유명해진 책과, 책의 내용이 독자들의 뛰어난 호응을 얻은 책이라 하더라도 침묵으로 일관하는 책과의 대조를 보이는 책에 대한 반응을 설명한다.[7] 첫번째 책은 저자를 여론에 잘 소개할 줄 아는 홍보요원을 갖고 있는 경우이며, 두번째 책은 3명의 '기본급' 기자와 1명의 사회학자를 갖는 경우인데, 중요한 과오는 그 사회학자의 이름이 알랭 투렌[8]이 아니라는 사실이다.

또한 정보에 관한 교육은 예문과 실험을 양식으로 이뤄진다. 아울러 정치인과 언론인들 사이의 관계가 우선 문제가 되기 때

———————

7) 첫번째 평범한 책, 롤랑 카이롤(Roland Cayrol), 《미디어와 민주주의: 편류 *Médias et Démocratie: la dérive*》, 파리정치학교출판부, 1977.

두번째 뛰어난 책, 알랭 아카르도(Alain Accardo) · 조르주 아부(Georges Abou) · 질 발라스트르(Gilles Balastre) · 도미니크 마린(Dominique Marine)이 함께 저술한 《일간지 기자들 *Journalistes au quotidien*》, 르 마스카레 출판사, 1995.

8) 에콜 노르말(ENS) 출신으로 대학교수자격시험에 합격하여(아그레제), 프랑스고등사회과학원(EHESS) 사회학 교수로 재직하고 있는 현대 프랑스의 대표적인 지성인 가운데 한 사람. 저서로는 《새로운 패러다임: 현대 세계의 이해를 위하여 *Un nouveau paradigme: Pour comprendre le monde aujourd'hui*》《행동의 사회학 *Sociologie d'action*》《민주주의란 무엇인가? *Qu'est-ce que la démocratie?*》《사회학을 위하여 *Pour la sociologie*》《신품과 중고 *Neuf et d'occasion*》외 많은 작품이 있다.〔역주〕

문에 모든 것은 풍토로 시작된다. 따라서 프랑스 제1TV 방송의 한 봉급생활자는 다음과 같이 이 사실을 요약한다: "정치부 기자는 권력 기관에 있는 사람의 눈에 띄는 것을 원하며, 정보를 얻는다는 구실로 이들과 친분 관계를 갖기를 원한다. 이것은 정치부 기자들을 아첨꾼으로 만들고, 이들은 더 이상 자신들의 일을 하지 않는다. 이 정치부 기자들은 권력에 접근하며, 자신들이 중요하다고 스스로 느끼기 때문에 이것에 만족한다. 장관이 군중 속을 헤쳐 나가고 군중과 악수를 할 때, 이것은 이들에게 정말로 기쁜 일이다. 또한 이들은 여기에서 조그만 이점을 얻으려고 애쓴다. 예컨대 주차 위반 벌금의 면제, 아이들의 유아원 자리, 파리 시 덕분에 비싸지 않은 아파트의 임대 등⋯⋯."[9] 마찬가지로 사람들은——이것을 환기하는 데 아무런 무례함도 없다——이러한 친분 관계가 좀더 오랫동안 지속되리라는 사실을 안다. 요컨대 프랑스는 두 기자들을 대통령에게 질문케 한다는 생각이 엉뚱하게 보이지 않는 나라이다. 우리들의 '사회적 고대 모방'에 대항하여 마지막까지 격렬한 개인 공격을 게걸스럽게 추구하는 외국인 기자는 미디어와 권력 사이의 근친상간 관계의 현실을 틀림없이 지나치게 요란한 방식으로 설명하는, 약간은 봉건적인 절차를 따르는 프랑스의 이러한 형식에 놀랐다고 자신을 표명한다. 예컨대 1993년 5월 10일자 영국의 일간지 《가디언》은 "프랑스에서 기자들은 아주

---

9) 피에르 페앙(Pierre Péan)과 크리스토프 니크(Christophe Nick)에 의해 인용, 《프랑스 제1TV 방송: 어떤 권력 *Un pouvoir*》, 파이야르 출판사, 1977, pp.304-305.

종종 자신들이 글을 쓰는 사람과 아주 밀접한 관계를 갖는다”
라고 평한 바 있다. 바로 여기에서 외국인의 추론은 잘못되었
다. 왜냐하면 현대적 방법의 미국식은 프랑스에서 관습적인 찬
동을 끌어내지 못하기 때문이다. 《르 몽드》지 창업자인 위베르
뵈브 메리[10]는 아주 오래전에 “저널리즘은 접촉과 거리감이다”
라고 규정했다. 접촉 이외는 거의 없다.

알렝 페이르피트의 초인종은 끊겼다. 하지만 전 공화국 대통
령(미테랑)이 의식적으로, 또 오랫동안 전쟁 이후(제2차 세계대
전 이후) 끊임없이 비시(Vichy) 정권[11]의 가장 비열하고 천한 일
에 연루된 비시 정권 고관을 만났으며, ……을 비롯하여 알제
리 독립투사를 기요틴(단두대)에 보냈고, 제1기 집권 초기부터
암에 걸렸었다는 사실을 밝히기 위해서는[12] 미테랑 제2기 집권
말기를 기다려야 했다. 그토록 많은 기자들과 신문들이 바로 이
러한 결과에 이르기 위해 서로 경쟁 관계를 유지해 왔다고 주
장했다. 이 사건이 기념비적 실패에 속하는 이유는——바로 외
국에서는 이 사건이 쇼킹한 주목을 일으킨 사건에 해당되었지
만——특히 프랑스에서 이 사건은 타인에 대해 말하는 욕망만
을 선동했기 때문이다. 프랑스에서는 보도 책임자들에게 보도

---

10) 드골 대통령의 권유로 1944년 12월 11일 프랑스의 대표적인 일간지인
《르 몽드》를 창간한 인물. 〔역주〕

11) 제2차 세계대전 당시 나치 독일에 협력했던 프랑스 정부의 이름. 〔역주〕

12) 엠마누엘 포(Emmanuel Faux) · 토마 르그랑(Thomas Legrand)과 질 페레
즈(Gilles Perez)가 공동 저술한 《신의 오른팔: 프랑수아 미테랑 대통령과 극우
파에 관한 앙케트 *La main droite de Dieu: enquête sur François Mitterand et
l'extrême droite*》(르 쇠이유 출판사, 1994년)와 피에르 페앙의 《프랑스의 젊음
La jeunesse française》(파리, 파이야르 출판사, 1994년)을 참조할 것.

의 성공에 대한 표시가 우선 남게 되고, 항상 자신이 원하는 것을 표현할 수 있는 어떤 결정권을 갖고 있는 사람의 도움을 받는다. 그리고 그 보도가 자신의 마음에 들 때, 하지만 책임자들이 일하고 있는 중요한 언론 기관에서 이 보도를 독점하게 된다. 아울러 이러한 보도의 공식적인 전파는 '대서특필되는 특선 뉴스'로 불려지는 것처럼 보인다. 이렇게 이루어지는 보도 순서의 성과는 변함없이 제1면 톱뉴스의 가치를 갖는다.

다음 사실을 잘 기억해 보자. 1984년에 미테랑 대통령이 카날 플뤼스(Canal Plus)[13]라는 민영 방송을 설립했을 때, 미테랑은 예전에 자기 사무실의 사무장이었던 앙드레 루슬레란 사람을 이 방송국 사장으로 임명했다. 10년 뒤 프랑스-독일 합자 TV 방송인 아르트(Arte) 방송국[14] 책임자들이 '트랜지트'란 프로의 100회 방송을 축하하고자 했을 때, 아주 독창적인 한 아이디어가 떠올랐다. 즉 프랑스의 미테랑 대통령과 서독의 콜 수상과의 공동 인터뷰를 하는 것이었다. 그러나 이것이 전부가 아니었다. 이 방송사 사장이자 전 수상이었던 피에르 모루아[15]의 자문의원을 지낸 제롬 클레망[16]은 콜 수상과 미테랑 대통령에게 자신들을 인터뷰할 기자들의 명단을 제출했다. 독일

---

13) 프랑스 최대의 유선 TV 방송. 〔역주〕

14) '유럽텔레비전연합(Association Relative à la Télévison Européenne)'의 약어. 1991년 프랑스와 독일이 공동 설립한 TV 방송으로, 영국 · 네덜란드 · 스위스 · 폴란드 · 핀란드 · 스페인 · 벨기에 · 스웨덴의 공영 방송과 연합을 맺고 있다. 〔역주〕

15) 피에르 모루아(1949-1999): 사회당 국회의원, 당수 및 수상(1981-1984)을 역임한 프랑스의 정치인. 〔역주〕

16) 프랑스의 언론인 겸 작가. 아르트 방송이 창설된 이후 이 방송의 사장으로 재직중이며, 《덕을 추구하는 남자 *Un homme en quête de vertu*》, 《피에

에서는 이 절차가 충격을 주었다.[17] 하지만 클레망은 감탄할 정도로 다음과 같이 솔직하게 말한다: "프랑스에서는 질문을 할 기자들의 선택에 대해 미리 엘리제 궁과 토론하는 것은 지극히 정상적인 것이다. 기자들이 정치 권력뿐만 아니라 문화계와도 긴밀한 관계를 유지한다." 자크 시라크[18]에게도 마찬가지로 연락이 끊겼다. 하지만 엘리제 궁은 여전히 대통령이 회견이란 선물을 허락하게 될 기자들의 프로필과 신원 확인에 대해 '토론한다.' 엘리제 궁 사람들은 이러한 일에 세심한 배려를 기울인다. 또한 엘리제 궁 사람들은 장 마리 카바다[19]에게도 출두를 통보한다. 엘리제 궁 사람들은 카바다가 규칙적이고 틀에 박히기를 원한다. 또한 엘리제 궁 사람들은 알랭 뒤아멜[20]

르 베레고부아에게 보내는 편지 *Lettres à Pierre Bérégovoy*》, 《여성과 사랑 *Les femmes et l'amour*》 등의 저서가 있다. 〔역주〕

17) 《수드도이치 자이퉁 *Suddeutsche Zeitung*》지는 "기자 한 명을 선택하기 위해 수상과 협상하는 것은 독일에서 저널리즘의 독립 규칙에 어긋나는 것이다"라고 밝히고 있다.

18) 파리정치학교(IEP)와 국립행정학교(ENA) 출신의 정치인으로 국회의원·수상·파리 시장 등을 역임했고, 1995년 리오넬 조스팽을 누르고 대통령으로 당선된 현재의 프랑스 대통령이다. 〔역주〕

19) 프랑스 국영 라디오 텔레비전 방송국(ORTF) 기자로 출발하여, 프랑스 제2TV 방송·에르테엘 라디오 방송 등을 거쳐 라디오 프랑스 방송 사장과 제5TV 방송 사장을 역임했으며, 현재 프랑스연합통신(AFP) 경영자로 일하고 있다. 〔역주〕

20) 정치 전문 대기자. 1980년대 '프랑스 제2TV 방송'의 '진실의 시간'의 명진행자로 이름을 날렸으며, 현재 이 방송 및 '에르테엘' 라디오 방송의 해설의원이자 《르 푸앵》 《리베라시옹》 《니스-마탱》 《알자스 뉴스》 《서부 지역 뉴스》지의 논설위원으로 활동중이다. 《프랑스의 혼란 *Désarroi français*》 《드골-미테랑 *De Gaulle-Mitterand*》 《프랑스의 야망 *Ambition française*》 《미테랑 대통령-예술가의 초상 *François Mitterant-portrait d'un artiste*》과 다수의 작품이 있다. 〔역주〕

에게 소환장을 발송한다. 뒤아멜이 공화국 대통령과 인터뷰를
할 수 있는 기자로 선발된 이유는 타인과의 대인 관계가 원만
했기 때문이다. 이처럼 프랑스 공화국 대통령과 인터뷰하기 위
해 프랑스 국영 라디오 텔레비전 방송국으로부터 거쳐야 하는
많은 절차가 현기증이 날 정도이다.

　미셸 필드[21]는 최근에 아주 치밀한 계산으로 극좌파 전사에
서 미디어의 중도-좌파로 전향하는 데 훌륭하게 성공한 기자
들 세계에서 상징적 존재로 평가받는다. 아주 흔히 찾아볼 수
있는 이러한 장르의 변신은——일부 문인들로부터 발자크[22]
를 닮았다는 소리를 듣고 있는——이미 10여 년 전에 발간된
훌륭한 팸플릿의 대상이 되었다.[23] 부이그의 프랑스 제1TV 방
송국에서는 안 생클레르[24]의 새로운 후임자를 위해, 새로운 방
송 시작을 알리는 분과위원회를 구성했다. 1994년 3월 프랑스

---

21) 에콜 노르말(ENS) 철학 교수를 거쳐, 작가 겸 기자로도 활동중이다. 저
서로는 《시위의 날들 *Jours de manifs*》《거리학교 *L'École dans la rue*》《어둠
속의 진퇴양난 *L'Impasse dans la nuit*》 등이 있다. [역주]
22) 《고리오 영감 *Le père Goriot*》으로 잘 알려진 19세기 프랑스 사실주의
문학의 거장으로 96권의 방대한 소설집 《인간희극 *La Comédie humaine*》 총
서(원래는 1백37권으로 구상되었다)를 쓴 작가. [역주]
23) 기 오캉겜(Guy Hocquenghem), 《마오 고개에서 로터리까지 지나간 사람
들에게 보내는 공개 편지 *Lettre ouverte à ceux qui sont passés du col Mao
au Rotary*》, 파리 알뱅 미셸 출판사, 1986.
24) 파리정치학교(IEP) 출신의 여기자로 유럽 1방송에서 기자 생활을 시작
하여 2001년까지 프랑스 제1TV 방송의 부사장을 지냈다. 특히 이 방송의 '세
트 쉬르 세트'란 프로의 진행 앵커로 프랑스에서 명성을 날렸고, 현재 《파리
마치》지의 객원 해설가로 활동중이며, '생시몽재단'의 회원이기도 하다. 《주
관적인 카메라 *Caméra subjective*》《내가 그에 관해 알고 있는 두세 가지 일들
Deux ou trois chose que je sais d'eux》《특별했던 어느 해 *Une année parti-
culière*》라는 저서가 있다. [역주]

제2TV 방송 보도국은 다른 방송보다 시청률이 훨씬 저조했던 '스미그-죈(SMIC-Jeune)'이라는, '젊은이들의 최저임금제'라는 당시 국민들로부터 큰 호응을 얻지 못한 정부 계획안에 대한 저녁-토론 프로그램을 만들기로 결정했다. 따라서 당시의 프랑스 제2TV 방송의 보도국장이었던 루이 베리오[25]는 다음과 같이 설명했다: "장 피에르 엘카바크[26]는 장 뤼크 마노[27]에게 젊은이들이 방송에 출연하여 자신들의 의견을 표명하게 될 일종의 돌파구를 가질 수 있는 특별 방송을 만들도록 명령했다. 이 방송의 진행은 미셸 필드가 맡기로 했다. 젊은이들과 토론하고, 확실한 신뢰성을 갖기 위해서는 좌파 기질이 강한 젊은 철학자가 필요했다."[28] 이 방송이 에두아르 발라뒤르[29] 정권

---

25) 기자 겸 작가로 프랑스 제2TV 보도국장. 《장난감을 그려줘 *Dessine-moi du jouet*》《공금의 남용 *Abus du bien public*》《인도의 마술사 *Magicien indien*》 등의 작품이 있다. 〔역주〕

26) 언론학을 공부한 후 프랑스 국영 라디오 텔레비전 방송(ORTF)에서 기자 생활을 시작하여, 특파원·앵커를 거치는 동안 미디어와 정치 분야의 전문 기자로 변신했다. 특히 미테랑 대통령의 단골 인터뷰를 성사시켰고, 1999년부터 위성 방송되는 프랑스 국회의 상원 TV 방송사장으로 일하고 있다. 저서로 《미테랑 대통령 *François Mitterand*》《둘이면 더욱 좋다 *Deux, c'est mieux*》 등이 있다. 〔역주〕

27) 프랑스 제2TV 방송의 《프랑스 수아르》의 편집국장과 경제 전문 방송 베에프엠(BFM) 사장을 거쳐, 라디오악튀(Ardioactu) 방송사장이다. 저서로는 《미테랑 대통령 *Mitterand, ailleurs et maintenant*》《불가능한 패배, 선거 비밀에 관한 앙케트 *La défaite impossible, enquête sur les secrets d'une élection*》 등이 있다. 〔역주〕

28) 루이 베리오(Louis Bériot), 《프랑스의 중산 계급에 의한 정치 *Médiocratie française*》, 파리, 플롱 출판사, 1996, p.50.

29) 프랑스의 정치인. 파리정치학교(IEP)와 국립행정학교(ENA)를 졸업하고, 국회의원을 거쳐 시라크 내각에서 재경부 장관을, 미테랑 대통령 밑에서 수상을 역임했다. 1995년 시라크와 함께 대통령에 입후보했으나 낙선했다. 〔역주〕

에 밉보였을 때——발라뒤르 정권은 공영 TV 방송의 책임자들이 희망했던 예산에서 80억 프랑의 예산을 삭감하는 조치로 반응했다——당시 프랑스 제2TV 방송의 보도국장이었던 장 뤼크 마노가 이에 항변했지만 아무런 소용이 없었다: "들어 보시오, 나는 그날의 야간 토론을 좋게 생각하지 않았던 한 장관을 만났습니다. [⋯] 나는 그 장관에게 다음과 같이 말했습니다. 말하자면 방송이 펄펄 끓는 물과 같을 때는 두 가지 해결책이 있습니다. 즉 우리들은 뚜껑을 열고 수증기를 잡을 수 있습니다. 하지만 이것이 아주 쾌적한 일은 아닙니다. 그러나 우리가 뚜껑을 열지 않을 경우, 얼굴에 뚜껑을 그대로 받을 때, 이것 또한 아주 고통을 주는 일입니다. 분명히 말하지만 우리들은 안전 밸브의 역할을 했습니다. 지성인들은 이러한 사실을 잘 이해했습니다."[30]

1995년 1월 10일, 조그만 사건이 해바라기 성향의 저널리즘에 대한 놀랄 만한 저항을 보여 주었다. 마티뇽[31]에서 에두아르 발라뒤르는 언론에 대한 자신의 희망을 제시했다. 갑자기 예상하지 못한 박수갈채가 터져 나왔다. 행복감이 확실하게 공유되었다. 왜냐하면 프랑스 대통령으로 이미 선출된 것으로 판단한 수상은 기자들이 자신에게 보내 준 '지지'에 대해 만족한다는 사실을 스스로 인정했기 때문이다: "전체적으로 볼 때,

---

30) 1994년 5월, 《악튀엘 *Actuel*》지 제41호.
31) 수상 관저가 있는 마티뇽(Matignon) 거리의 이름으로 수상 관저를 지칭하는 고유 명사화했다. 〔역주〕

나는 여러분들에게 불평하지 않을 것이라는 사실을 확실하게 말씀드립니다." 실제로 수상은 불평할 어떤 이유도 없었다. 왜냐하면 카날 플뤼스 방송에 대한 꼭두각시와 같은 방송을 제외하고——자유분방하고 일상적인——일부의 정당 신문과 2개의 풍자 주간지를 포함하여 미디어들은 수상에게 아주 호의적이었기 때문이다. 프랑스 제1TV 방송은 물론 프랑스 제2, 제3TV 방송 또한 마찬가지였다. 특히 프랑스 제2, 제3TV 방송 사장은 발라뒤르가 유럽 1방송 기자였던 사람을 이 두 방송의 겸직 사장으로 천거한 인물이었고, 이 사장은 5년 전 유럽 1방송의 기자로 재직할 당시 발라뒤르가 지방 정부에게 제시했던 아주 무거운 회견 내용을 담고 있던 책에서 발라뒤르를 아주 교묘하게 '돋보이게' 한 적이 있었다. 발라뒤르는 "매주 티타임에 문제의 이 기자를 처음에는 자신의 집에 초대했으며, 자신이 수상이 된 후에는 이 기자의 말을 경청하고 자신의 심경을 털어놓기 위해 수상 관저로 초대했다."[32] 이 티타임은 어느 정도 언론 클럽에 속했다고 말할 수 있으며, 유명한 해설가의 대담성은 발라뒤르에게 더 이상 불안을 갖지 않도록 했다. 파리의 큰 일간지 중의 하나는 솔직히 우파를 지향하는 발라뒤르 신봉자였으며, 다른 일간지는 비록 좌파적이라 할지라도 마찬가지로 친(親)발라뒤르 신문이라는 완전하게 적합한 복수 체계의 틀을 유지했던 것이다. 수상의 하루 일과의 보도에 대한 훌륭한 균형 또한 보장되었다. 즉 우파 지향의 첫번째 신문은 조간이었고, 좌파 지향의 두번째 신문은 석간이었다.

---

32) 루이 베리오의 앞의 책, p.18 재인용.

모든 일은 잘 진행되었고, 정보통신부 장관인 알랭 카리뇽[33]이 생 조제프 드 리옹 감옥에서 몇 년을 보내기 위해 파면되었을 때, 니콜라 사르코지[34]가 카리뇽 후임으로 교체되었다. 하지만 이 결정은 선정적이었다. 왜냐하면 사르코지는 당시 공영 TV와 라디오 후원 장관인 동시에 기획예산처 장관을 겸직하면서 공화국 대통령 후보였던 발라뒤르의 대변인이었기 때문이었다. 하지만 뇌이(Neuilly) 시장의 미디어에 대한 우정어린 물질적 후원은 사르코지를 아주 불쾌하게 하는 비평에 대해 보호 허리띠의 구실을 했다.

사회적으로 큰 이슈가 없는 호시절은 비평하는 것을 선호한다. 1995년 3월부터 미디어의 후보에 대한 행운이 사라졌다. 예측에 있어서는 충실하지만 계획에 있어서는 충실하지 못한 바로미터 역할을 하는 여론 조사가 경종을 울렸다. 계속된 공화국 대통령직에 대한 입후보가 파리의 언론 방송의 보도국을 행운의 장밋빛으로 물들게 했던 두 사람은 유권자들이 자신들에게 보여 준 신용을 저버리고 말았다. 첫번째 사람인 자크 들로르[35]는 자신의 말이 많지만 소심함으로 인해서, 두번째 사람인 에두아르 발라뒤르는 유권자에 대한 너무 눈에 띄는 경멸로 인해서 유권자에게서 멀어졌다. 따라서 사람들은 자크 시

---

33) 발라뒤르 내각에서 정보통신부 장관을 역임한 인물로 라 '리요네즈 데 조' 그룹의 이권에 개입한 혐의로 5년의 징역형과 40만 프랑을 환수하라는 형을 구형받았다. 〔역주〕
34) 파리 태생의 변호사로 5선 국회의원을 역임했고, 발라뒤르 내각에서 기획예산처 장관을 지낸 인물. 〔역주〕
35) 프랑스의 정치인. 유럽의회의원을 거쳐 재경부 장관을 역임했고, 마스트리히트 조약과 유로화의 탄생에 결정적인 역할을 했다. 〔역주〕

라크의 선거에서의 승리라는 예상하지 못한 결과에 지체 없이 익숙해져야 했다. 언론은 이번에도 아마도 논쟁에 불을 지필 것이다.

권력 견제에 대한 순간적인 각성의 기회가 곧바로 이어졌다. 《르 카나르 앙셰네》[36]지 덕분에 우리는 실제로 사회적 단층에서 스스로를 새로운 대리인들이라고 표명하고 나선 모든 사람들이 아주 싼 가격으로 파리 시의 아주 좋은 아파트를 차지한다는 사실을 알았다. 이러한 고발이 있은 바로 그날 밤, 자크 사라크는 교육 방송의 새로운 회장으로 임명된 장 마리 카바다의 초대 손님이 되었다. 아울러 프랑스 제3TV 방송의 주간 정치 방송과 프랑스 앵테르 라디오 방송의 '철학적 연대기'란 방송에 잇달아 초대되었다. 그토록 많은 다양한 재능, 즉 철학자 · 기자 · 교육자 · 프로듀서의 자격을 갖춘 장 마리 카바다는 주저하지 않았다. 그는 각자가 기다리는 다음과 같은 질문을 던졌다: "시라크 씨, 당신은 몇 개의 사과 종류를 나에게 인용해 주실 수 있습니까?" 이 질문은 참으로 우습고 터무니없기조차 했다.

그리고 얼마 후 시라크가 여론 조사에서 가장 선두를 달리고 있었기 때문에, 프랑스 제2TV 방송 주변에서는 이미 시라크의 행운을 점치기도 했다. '다이아몬드 사건' ——이 사건 또한 《르 카나르 앙셰네》지에 의해 밝혀진 사건이지만——에 관

---

36) 풍자 방송인 '기뇰 드 랭포(Guignol de l' Info)'와 더불어 프랑스 사회의 제 문제를 예리하게 풍자하여 꼬집는 프랑스의 대표적인 폭로 풍자 주간지. 〔역주〕

해 발레리 지스카르 데스탱에게 질문해야 했던 기자들은 대통령(지스카르 데스탱)에게 금지된 질문을 던지면서 대통령의 분노와 과감히 맞설 수 있는 사람을 지명하기 위해 누가 대통령과 인터뷰해야 하는지를 제비뽑기로 결정했다. 이렇게 해서 알랭 뒤아멜이 1979년 11월 기자 대표로 대통령과 인터뷰하는 기회를 얻었다. 7년 연임의 대통령 임기가 끝났다. 당시 《르 누벨 옵세르바퇴르》[37]지의 편집국장이었던 로랑 조프랭[38]은 ——자신의 이 직책 덕분에 공영 방송에서 일하는 자신의 동료들보다 정부 차원의 보복 조치에 덜 노출될 수 있었다——전력을 다했다.

— 로랑 조프랭: 시라크 씨, 나는 내가 상상하기로 당신께서 불쾌하다고 판단하게 될지도 모를 질문을 드리고 싶습니다. 하지만 기자들이 항상 후보들의 마음에 드는 질문을 할 의무가 없다는 것은 좋은 일이라고 생각합니다만…….

— 시라크: 물론이죠.

— 로랑 조프랭: 《르 카나르 앙셰네》지에 기고된 한 기사로 인해 시작되었던 논쟁이 있었습니다. 아울러 이 기사는 당신이 임대한, 당신의 가족이 파리 7구에 임대한 아파트를 다뤘고, 다뤘었습니다…….

— 자크 시라크: 그 아파트를 임대한 것은 전데요.

---

37) 프랑스의 대표적인 좌파 성향의 지성 주간지 중의 하나로 정치 · 경제 · 사회 · 문화에 대한 예리한 비판과 대안 제시의 논평으로 유명하다.〔역주〕

38) 기자 겸 작가로 《르 누벨 옵세르바퇴르》지의 편집국장이며, 프랑스 앵테르 방송의 프로듀서. 작품으로는 《바로 우리였다 *C'était nous*》《나폴레옹 전투 *Les batailles de Napoléon*》《잊혀진 공주 *La princesse oubliée*》《68년 5월 혁명사 *Mai, 68 histoires des événements*》 등이 있다.〔역주〕

── 로랑 조프랭: 아, 당신이라구요? 게다가 사람들은 당신이 모종의 방식으로, 당신에게 이 아파트가 허용하는 편리성, 즉 부동산의 특성을 고려하여 당신이 유리하게 임대료를 지불할 수 있도록 하는 부동산 거래에서 혜택을 입었다고 비난했습니다. 당신은 이 모든 것이 합법적이라고 말했으며, 따라서 거기에는 그 어떤 부정이 존재하지 않는다고 대답했습니다. 물론 어느 누구도 이 점에 대해 당신에게 반박하지 않았습니다. 그렇지만 이것은 당신의 대통령 후보로서의 이미지에 약간 불리한 조건이 아닙니까? 왜냐하면 비록 이것이 완전히 정당하다 할지라도──물론 모든 사람들이 그렇게 생각하고 있지만──다른 사람들과 마찬가지로──보통의 시민들에게는 불가능한 일종의 특권을 받은 사람이란 이미지를 당신에게 제공할 수 있기 때문입니다. 왜냐하면 외견상으로 볼 때 문제의 임대료가 다른 아파트에 비해 너무나 쌌기 때문입니다.

대통령 후보들이 좀더 호된 방식으로 질문을 받는 일도 일어났다.

프랑스에서는 대통령이 설사 죽더라도 존경을 받는다. 다음 이야기는 티미쇼아라(Timisoara)의 거짓 시체안치소[39] 앞에서 치밀하게 엮은 미디어의 분개에 의해 야기되었던 몇 가지 자

______

39) 1989년 **X-Mas**를 며칠 앞둔 날, 당시 루마니아의 독재자 차우셰스쿠가 티미쇼아라 한복판의 탱크 옆에서 죽은 시체로 발견된 모습을 일제히 특종 보도하면서, 프랑스 미디어는 백혈병 환자였던 독재자가 피를 수혈하기 위해 수천 명의 시민을 살해하여 숲 등에 방치하여 마치 시체안치소를 방불케 하고 있다고 주장하였다. 차우셰스쿠가 공산당 드라큘라였다는 사실을 강조하면서 '동족 살육' '대학살' 등의 표현을 서슴지 않았다. 하지만 공식적인 총사망자는 보도와는 달리 약 1백여 명으로 확인되어 파문이 일었다. 〔역주〕

기비판적인 해설을 되살아나게 하지 않았다. 즉 걸프 전쟁에 대해 치밀하게 구성된 미디어적 호전주의, 마스트리히트 선거의 치밀한 미디어적 유럽 정신, 1994년의 치밀한 미디어적 발라뒤르주의는 자기비판적인 해설을 불러일으키지 않았다. 따라서 쥐페(Juppe) 법안[40](107-121페이지 읽을 것)의 찬성안에 대한 미디어가 지지를 표명한 지 약 2개월 후, 프랑수아 미테랑[41]의 사망 소식은 저널의 미완숙함과 조작된 일체주의의 새로운 폭발 아래로 전 프랑스를 파묻어 버렸다. 이 사건은 의미심장한 것이었지만 결정적인 것은 아니었다. 말하자면 죽음은 더 이상 국가 원수의 죽음이 아니었으며, 대통령이 속했던 옛날의 당조차도 대통령 통치 행위에 대한 비통하기 짝이 없는 상세한 검토에 소극적인 모습을 보였다. 대통령의 죽음은 세간의 관심을 끌지 못했다. 즉 우파는 미테랑을 결코 좋아하지 않았다. 왜냐하면 미테랑이 우파에게서 정권을 다시 가져갔고, 우파는 미테랑을 좌파로 믿고 있었기 때문이다. 또한 많은 좌파 사람들이 미테랑의 과거 전력과 모든 행적을 기억한 후 마음에서 멀어졌다. 그런데 예상된 미테랑의 서거를 이용하여 프랑스사에서 30년 이상 동안 미테랑의 발자취가 각인해 놓은

---

40) 프랑스 여당인 '공화국연합(RPR)'의 국회의원으로 보르도 시장을 역임했고, 수상(1995-1997)으로 재직했다. 수상 재직 당시 '쥐페 법안'으로 불리는 사회보장개혁안(연금 및 건강보험)을 제출했으며, 이 법안으로 인해 프랑스의 여론이 찬반 양론으로 나누어졌고, 급기야 1968년 5월 혁명 이후 가장 큰 시위로 불리는 1995년 11-12월 사태로 이어졌다. 이 시위에서 프랑스의 지성인들은 '파업지지안'과 '개혁호소안'으로 양분되었지만, 이들의 궁극적인 목표는 사회 개혁에의 동참이었다. [역주]

41) 좌파의 수장으로서, 사회당 국회의원을 거쳐 14년간의 프랑스 대통령(1981-1995)으로 재직하는 동안 많은 족적을 남겼다. [역주]

미테랑이란 인물의 장점을 토론하는 대신에 대부분의 기자들은 경건한 방송 자료와 대통령 재임 시절의 훌륭한 많은 문서에 대한 정보 전달에 할애했다. 이것은 종종 사실이지만, 이 기회, 즉 미사가 진행되는 동안 베즐레(Vézelay) 대성당[42]의 상공을 헬기로 날면서, 고인이 된 대통령이 자신들에게 이것을 위탁했고 저것을 알렸다고 말하는 것은 아주 매력적인 일이며, 이러한 방송 보도를 통해 기자들은 이 순간부터 자신이 어느 정도 우리 시대의 생 시몽[43]이 되기도 한다. 일부 기자들은 자신들을 길들이기 위한 미테랑 정부의 공작을 통해 자신들이 중앙 주간지의 사장으로 재직했던 격에 맞지 않았던 지난 시절의 명성을 끌어내기조차 한다.[44] 그리고 사람들은 혼돈된 정치 여정

---

42) 서기 858년 건립된 바실리카 양식의 대성당으로 1979년 유네스코 지정 세계문화유산으로 지정되었다. 특히 이 성당은 국립묘지에의 안장을 거부하고 자신의 고향 마을의 공동묘지를 고집했던 미테랑 대통령의 장례미사가 거행된 곳으로도 유명하다. 〔역주〕

43) 생 시몽(1760-1825): 프랑스의 이상주의를 꿈꿨던 사회주의자로 《산업체계 Le système industriel》 등의 저서가 있다. 〔역주〕

44) 따라서 1997년 3월 6일자 《레벤느망 뒤 죄디》지는 이 신문의 편집국장에 조르주 마르크 브나모(Georges-Marc Benamou)가 내정되었다는 사실을 알리면서, 이 신문의 대주주인 티에리 베레(Thierry Verret)는 새로 임명된 편집국장에 대해 다음과 같이 아주 신중하게 설명하고 있다: "놀랍고도 비상한 브나모는 이 신문이 '제4의 권력'이라고 불리는 명예와 순응적 태도에 너무 지나치게 안주하고 있는 다른 미디어에 대항하여 권력을 견제하는 훌륭한 역할을 계속하여 수행할 수 있을 것이다. 또한 나는 그가 이 신문(EDJ)의 개성이라고 할 수 있는, 이러한 무례하며 도발적이기조차한 신문의 기질에 마음이 편할 것이라는 것을 알고 있다. 따라서 성공과 성공의 지속을 위한 모든 원료는 규합된 셈이다." 그런데 조르주 마르크 브나모는 미테랑 대통령의 제2기 집권 기간 동안 엘리제 궁의 주간지였던 《글로브 Globe》지를 운영한 적이 있다. 또한 브나모는 미테랑 대통령 집권의 마지막 해에 미테랑 대통령에게 헌사한 책의 저자이기도 했다. 《레벤느망 뒤 죄디》지에 대한 브나모의 엉뚱함은 장

에서 세르주 쥘리[45]와 프란츠 올리비에 지스베르[46]에게는 이 미테랑 대통령의 장례식이 대리 만족하는 자기 축하의 기회였다는 사실을 또한 이해했다. 이들이 미테랑 대통령의 공적 중에서 가장 높이 평가했던 것은 바로, 정확히 말하자면 미테랑식 편의주의와 마키아벨리즘이었다.

1996년 1월 13일 오후 1시 프랑스 제2TV 방송은 정오 뉴스가 항상 참신성이 떨어진다는 사실을 극복하기 위한 한 아이디어를 짜냈다. 미테랑의 정치적 행보에 대한 계속된 보도에 식상한 국민들의 관심을 돌리기 위해 이 방송 보도국은 공인이 아닌 미테랑 대통령 개인에 초점을 둔 특집 방송을 기획했다. 말하자면 미테랑과 프랑스투자신탁회사 사람들(미테랑 정부하에서 재산을 불렸던 사람들)이나, 미테랑과 제철업자(미테랑 정부하에서 불행을 자초했던 사람들)와 같은 정치적 주제보다 더 의미심장한 주제인 평소 모자를 즐겨 쓰는 대통령에 착안하여 '미테랑 대통령과 모자' 란 정치적 부담이 덜한 르포를 구상했다. 하지만 2일 전에 당시 프랑스 제2TV 방송 보도국장이었던 장 뤼크 마노는 《르 피가로》[47]지에서 이미 자신이 다른 기

뤽 라가르데르(Jean-Luc Lagardère)의 이 신문에 대한 지분 출자를 통한 참여로 힘을 싣게 될 것이다(지분 23퍼센트에서 48퍼센트로 증가).
45) 기자 출신의 현 《리베라시옹》지 사장으로, 《미테랑의 재임 시절 *Les années Mitterand*》《예술가의 살롱 *Le salon des artistes*》《리베라시옹 30년사 *30ans de Libération*》 등이 저서가 있다. 〔역주〕
46) 언론전문학교 출신의 기자 겸 작가. 《르 누벨 옵세르바퇴르》지와 《르 피가로》지 기자를 거쳐, 파리 프르미에르 케이블 방송의 문학 프로인 《르 게 사부아 *Le Gai Savoir*》를 담당했으며, 1999년 프랑스어 선양의 공로로 '리슐리외' 상을 수상했다. 《미국인들 *Les Américains*》《진창 *La souille*》 등의 저서가 있다. 〔역주〕

자들과 함께 미테랑 정부를 호도한 보도에 대한 여론의 비판에 대해 다음과 같이 변명한 상태였다: "되찾은 국민 통합의 이 순간에 사람들은 우리에게 종종 방송 본연의 비평 의식이 약해졌다고 비난했다. 이 비평의 목소리가 약해진 것은 다름 아닌 그 어떤 상대와의 대적이 전투원들의 부재로 일어날 수 없다는 것을 의미한다. 왜냐하면 이 전투원들이 경의를 표하여 무기를 버렸기 때문이다." 고작해야 이것이 방송의 권력에 대한 견제라면 또 다른 정의가 필요하다.

걸프 전쟁 동안 사람들은 전투원들의 열정에 용기를 한층 더 북돋아 주는 일에 매달렸다. 이 전쟁 당시 대부분의 사람들은 일간지의 편집국장들이 프랑스 군인들의 봉사에 관심을 가졌던 《뤼마니테》[48]지나 《라 크루아》[49]지와 같은 일간지를 제외하고 기자들의 비평 정신이 부재했었다고 말했다.[50] 주간지·라디오·TV 등은 거의 만장일치로 합창을 했고, 알제리에서 패한 퇴역 장교를 위한 계급장 환원 교실로 바뀌었으며, 미디어에서는 아랍인들에 대한 미디어의 반대 입장을 염려하였다. 물론 위장복을 입기를 거부하는 일부 기자들과 일부 의견 반대자들도 있었다. 《리베라시옹》[51]지와 프랑스 제2TV 방송에서는

---

47) 1826년 모리스 알루아(Maurice Alhoy)와 소설가 에티엔 아라고(Etienne Arago)에 의해 창간된 우파 지향적인 프랑스의 대표적 중앙 일간지 가운데 하나.〔역주〕

48) 1906년 장 조레스가 창간한 친사회당 계열의 프랑스의 대표적인 일간지 중의 하나.〔역주〕

49) 기독교 계열의 프랑스 일간지.〔역주〕

50) 미셸 콜롱(Michel Colon)의 《미디어여 조심하라! 걸프 전쟁의 미디어-거짓말 Attention Médias! Les médias-mensonges du Golfe》(브뤼셀, EPO 출판사, 1992년판)을 읽을 것.

이들의 이름을 아직도 기억하고 있다. 그날 이들은 궤도에서 이탈한 기자란 직업의 명예를 약간은 회복시켰다.

만약 이 전쟁 동안에 누군가가 미국에서 끊임없이 미국의 TV 뉴스와 유선 방송으로 중개된 방송, 즉 프랑스 공영 방송을 시청했더라면 한 가지 사실이 확실하게 가슴에 와닿았을 것이다. CBS나 CNN 방송의 리포터들은 공식적이고 틀에 박힌 보도에서 파리의 동료들보다 더 자신감이 있었다. 실제로 어느 정도의 유순함의 차이가 있다는 사실을 비교할 수 있었다. 백악관이 단독으로 모든 결정권과 세부적인 군사 작전권을 갖고 있음에도도 불구하고 이러저러한 최후 '통첩'이 바그다드에 보내지려는 순간에도, 파울 아마르와 같은 파리 주재 기자들은 '엘리제 궁으로부터 나오는 전쟁에 대한 충고'를 특파원 보도 방송을 통해 적나라하게 전달하는 일에 열을 올렸다. 모든 것은 '생방송으로' 중계되었다. 하지만 이 뉴스가 몇 시간의 시차를 두고 미국에 방송되었기 때문에 외국에 머무는 기자로서는 중요한 국가적 발의의 향후 운명에 관해 한층 더 알고 싶어했다. 오호통재라! 리모콘을 손으로 단순하게 누르는 것은, 프랑스가 다게(Daguet) 사단의 보병 이외에는 그 어떤 다른 군사적 지원도 제공하지 않는 전쟁에서 '체면을 지키고 있다'라는 사실을 믿도록 하는 운명지어진 제스처를 사라지게 했다. 미국 방송으로의 회귀, 진정한 외교적·군사적 서열은 곧바로 미국인들의 위치를 되찾게 했다. 말하자면 어느 누구도 미국 방송에서 '토막' 뉴스 형식을 빌려서조차도 파리에서 방금 있었던

---

51) 1973년 창간된 좌파 계열의 프랑스 일간지 중의 하나. [역주]

전쟁이란 화제에 올랐던 굉장한 소용돌이를 환기하지 않았다.

걸프전 당시 저널리즘과 권력 사이의 융합의 심오한 관계는 어떤 것이었나? '연합군' 비행기가 옛 메소포타미아를 파괴했을 때, 한 문화계 인사는 아주 예외적으로 샤를 빌뇌브[52]가 다음과 같이 당시의 상황을 아주 잘 설명하고 있다고 말했다: "이 전쟁은 아랍인들에 대한 문명 세계의 전쟁이다." 하지만 '문명의 임무'라는 자기 민족 중심주의와 식민지 향수는 하나의 부차적인 역할을 할 뿐이다. 이와는 달리 이 시기에 참여했던 관객들이 "호시절"은 물론 "큰 기쁨"을 회상할 때,[53] 특히 '정보의 세기'가 각자에게 특별한 책임을 맡긴다고 상상할 때, 관객들은 국민적 통합의 모든 비약을 참조하기 마련이다. 말하자면 각자가 신성한 대의 앞에서 자신을 낮춰야 하는 이 순간들을 참조하기 마련이다. '권력'을 견제한다는 것이 권력의 영향을 위협하고, 권력의 언론에 대한 영향력을 위협하는 일인가? 따라서 언론에 종사하는 대부분의 사람들은 늑대와 함께

---

52) 프랑스 제1TV 방송 기자로 '앎의 권리(Le Droit de savoir)' 프로를 진행하고 있으며, 《피에르 베레고부아의 위험한 관계 *Les liaisons dangereuses de Pierre Brérégovoy*》라는 저서가 있다. 〔역주〕

53) 프랑스 제1TV 방송에서 에티엔 무조트(Étienne Mougeotte)가 진행하는 프로의 중요한 출연자인 크리스티앙 뒤투아(Christian Dutoit)에 의한 대담. 이 방송의 전 편집국장이었던 피에르 제로(Pierre Géraud)는 다음과 같이 덧붙였다: "이 방송의 편집을 관통하는 모든 사상적 흐름은 '인종 차별'과 '아랍인들'에 대해 말하고 있는 무조트와 함께 행동하는 것에 동의한다는 사실을 이해하여야 한다." 피에르 페앙과 크리스토프 니크가 공동 집필한 앞의 책, pp. 436-438에서 인용, 장 폴 위숑(Jean-Paul Huchon)의 저서 《수상 관저에서 조용한 날들 *Jours tranquilles à Matignon*》(그라세 출판사, 1993)에서 걸프 전쟁 당시 수상이었던 미셸 로카르(Michel Rocard)의 사무국장이었던 저자 또한 이 기간이 자기 인생에서 가장 행복했던 시기 중의 한 시기였다고 회고한다.

울부짖는 것을 선호한다. 기자가 분열에 대한 자신의 적응을 표명하는 것은 바로 열기와 편협이 폭발하는 동안이다. 하지만 기자는 또한 위나미니슴의 급류에서 물 튀기는 것을 좋아하며, 사람들이 의심하는 파렴치함을 강물에 던지는 것을 좋아하며, 테크놀로지가 자신에게 제공하는 최신 놀이기구를 소개하는 것을 좋아하며, 적에 대항하는 것을 좋아하며, 자신의 군대며 나라와 함께 '동원되어' 머물기를 좋아한다. 기자는 여론과 권력 사이의 화해를 견고히 하기 위해[54] 자신의 경계를 멈춘다. 아울러 봉사하는 기자의 행복은 고백의 역할을 한다.

마스트리히트 조약에 대한 선거 캠페인은 걸프전 기간 동안 관찰된 편류를 반복했다. 여전히 이 캠페인에서도 많은 것이 활용되었다. 즉 미래('유럽')를 조직하려는 엘리트를 격려하려는 의지, 반면에 국민들은 단지 자신들의 향수와 두려움을 발산하려는 것을 알고 있다. 또한 특히 선택이 극 '인민당원파'와 극 '민족주의자들'과 서로 대립될 때 중도파 선택이라는 본능적인 선호도. 아울러 '전문가들'과 '지성인들'의 의견에 할애된 좌석, 이들 또한 인민당원과 민족주의자들의 영역에 특별히 민감하다. 반이성에 대한 지성, 심한 굴곡에 대한 개방, 과거에

---

54) 1991년 4월, 유럽 1방송의 여론 조사에 응한 한 참가자는 막 끝난 전쟁의 향수를 '여론'의 탓으로 돌렸다. 말하자면 "우리는 걸프 전쟁에서 프랑스 사람들이 모든 일련의 사태에 다시 관심을 집중시킬 수 있다는 사실을 알았다. 걸프 전쟁은 예컨대 군대를 달리 생각하고 있는 젊은이들에게, 미국에 대해 달리 생각하는 프랑스 사람들에게 하나의 기회였다. 이러한 일시적 호기가 만약 계속하여 연마되지 않는다면, 프랑스 사람들을 아주 무기력한 상황에 이르게 할 것이다."(파트리크 캉파뉴(Patrick Campagne)의 '다수의 법칙(Loi des grands nombres),' 1994년 《사회과학 연구》 잡지, 101-102호에서 인용)

대한 미래, 일당에 대한 신분 질서. 말하자면 카스트와 계급을 경멸하는 내용을 담고 있는 담화에 속하는 이 모든 파편들은 쥐페 법안에 대항하는 시위의 순간에 다시 나타날 것이다.

마스트리히트 조약과 더불어 출발점은 거의 초보 수준이었다. "경쟁이 자유로운 개방 경제"의 탄생을 서두르는 것이 중요하다. 모든 사회당 출신의 장관, 국회의원 89퍼센트와 우파인 대부분의 야당이 행복을 예견하는 이 조약의 인준을 찬성했기 때문에 권력에 대한 견제는 스스로 해야 할 일이 무엇인지를 잘 알고 있었다. 바로 전투하는 일이었다. 이러한 자세는 권력 견제에 자연스럽게 다가갔으며, 그만큼 권력의 견제는 시대의 이데올로기와 나라의 사회적 · 지적 · 정치적 엘리트로의 소속 감정을 굳건하게 했다. 하지만 우리가 읽게 될 다음장의 마스트리히트 조약에 관한 인용문은[55] 아래의 내용을 머릿속으로 생각하면서 평가해야 한다. 여론 조사가 본격적으로 시작되기 이전에 '여론'의 상황에 관한 조사를 했던 20세기의 역사가들은 오랫동안 언론 강독에 많은 시간을 투자했다. 《르 몽드》지, 《프랑스 수아르》[56]지, 《르 피가로》[57]지, 《르 누벨 옵세르바퇴르》[58]지, 《파리 마치》[59]지, 《렉스프레스》[60] 지 등을 찬찬

---

55) 좀더 완전한 견본과 여기에서 주어지지 않은 상세한 참고 사항에 대해서는 《마스트리히트 조약의 우스꽝스런 이야기 *Le Bêtisier de Maastricht*》(아를레아 출판사, 1977)와 세르주 알리미의 〈범죄에 대항하는 결정권을 가진 사람들 *Décideurs contre délinquants*〉《르 몽드 디플로마티크》지, 1992년 10월호 참조.

56) 1944년 창간된 중앙 일간지.〔역주〕

57) 우파 지향적인 파리의 일간지.〔역주〕

58) 프랑스의 대표적인 주간지 중의 하나로 경제 · 정치 · 문화 등에 관련된 특집 기사로 유명하다.〔역주〕

히 훑어본 후에 에르테엘 방송, 에르엠테 라디오 방송, 프랑스 앙테르 라디오 방송, 유럽 1방송의 해설을 차례로 경청하고, TV 뉴스를 보고, 《레 제코》[61] 《텔레라마》지 같은 잡지로 보충한 후, 이 역사가들은 합법적으로 공산당은 별도로 하고 주요한 의식을 명확하게 구별했다고 평가할 수 있었다. 만약 1992년 9월에 이 장르의 역사가가 이 형태의 연습에 몰두했다면, 이 역사가는 무엇보다도 일간지의 줄어든 숫자를 주목했을 것이다.[62] 하지만 역사가는 '반대'가 확실히 승리할 수 있으리라고 결코 상상하지 못했을 것이다. 왜냐하면 우리가 지명한 모든 사람들——거의 다른 모든 사람들 또한——은 '찬성표'에 투표하도록 약속되어 있었기 때문이다.

마스트리히트 조약의 작은 돛대

"우리들의 민주주의 체계라는 시계는 고장이 났다" "끊임없이 계속되는 끈덕진 언론의 캠페인" "교활한 기자들": 미테랑 대통령에 의한 중요한 주간지의 평가와 미디어의 고발은 '아바쉬(Habache) 사건'으로 거슬러 올라간다. 마스트리히트 조약에 관한 토론이 벌어졌을 때, '시계'는 '찬성' 쪽으로 유리하게 잘

---

59) 1949년 창간된 시사 문화 잡지로 미테랑 대통령의 사생활을 보도했다가 여론의 화살을 받기도 했다. 〔역주〕

60) 프랑스의 대표적인 시사 주간지로서, 경제 · 정치 · 사회 · 문화 등에 관한 예리한 비평 기사로 유명하다. 〔역주〕

61) 1908년 창간된 파리의 일간지.

62) 1946년부터 1995년까지, 프랑스 일간지의 숫자는 2백3개(28개의 중앙지, 1백75개의 지방지)에서 67개(11개의 중앙지와 56개의 지방지)로 감소했다.

돌아가는 것처럼 보였다: 사회당 정부, 우파의 우두머리들과 후원자들은 공명 상자로 공손하고 거의 만장일치의 의견을 보이는 언론을 소유했다. 독자들의 압력으로 인해 일부 중요한 중앙 일간지들은 망설였지만, "결론을 내려야 할 시간"이 임박했을 때 "길고 정열적인 논쟁"이 "비판적인 찬성"으로 귀착되었다. (알랭 페이르피트, 《르 피가로》) 다른 사람들은 더 큰 열정으로 종종 무절제한, 반복적이고 간결한 양식의 마스트리히트 조약에 관한 해설 기사를 실었다. 당시 《르 몽드》지 편집국장이었던 자크 르주른[63]은 "투표에서 반대표를 던지는 것은 히틀러가 정권을 잡음으로써 야기되었던 재앙 이후 프랑스와 유럽에게 가장 큰 재앙이 될 것이라는 사실"을 알리기 위해 집필했다.

　주간지에 대해 말하자면, 걸프전 이후 주간지는 이 조약에 관해 나름대로 찬반 양론의 의견을 제시해 왔다. 일부 주간지들은 "근원적이고 드라마틱한 게임"임을 강조했고, 또 일부 주간지들은 "양분되려는 프랑스"라는 위협적인 사실을 강조하는 가운데, "찬성의 이점"이 "조용한 반대란 존재하지 않는 것만큼이나 엄청난 것으로 나타났다. 따라서 만약 파국론이 훌륭한 것으로 생각된다면 파국론 쪽으로 나아가자."(클로드 앵베르,[64] 《르

---

63) 파리이공과대학(에콜 폴리테크니크) 출신의 경제학자이자 언론인으로 《르 몽드》지 편집국장을 역임했다. 저서로는 《민주주의, 시장, 지배: 미래는 어떤가? *Démocratie, marché, gouvernance: Quels avenirs?*》《실업의 진실과 위선 *Vérité et mensonge sur le chômage*》《프랑스의 모델: 위대함과 데카당스 *Les Modèles français: grandeur et décadence*》 등이 있다. 〔역주〕
64) 에콜 노르말 쉬페리외르(파리고등사범학교) 출신으로 프랑스연합통신(AFP)에서 기자 생활을 시작한 후 《렉스프레스》지 기자를 거쳐 《르 푸앵》지를 창간하였으며, 현재는 이 잡지의 사장으로서 매주 사설을 쓰고 있다.

푸앵》) 물론 유권자들은 프랑스에서 편협된 사고를 지지하는 4개의 주간지 기사를 읽지 않을 수 없었다. 당시 장 프랑수아 칸이 이끌던 《레벤느망 뒤 죄디》지는 다른 주간지들보다 약간 더 적극적이었다. 하지만 《르 푸앵》지, 《렉스프레스》지, 《르 누벨 옵세르바퇴르》지들은 미증유의 대사건을 담고 있는 표지를 통해서 마스트리히트 조약에 대한 다양한 정보와 해설이 실려 있음을 아주 빨리 예언하게 했다. 1992년 9월 《텔레라마》지조차도 "유럽통화를 실현하는" "긴급한 기회"임을 강조했다.

더욱이 무료이며 '대중화된' 라디오도 마찬가지로 '찬성'과 '반대'라는 두 개의 프랑스로 양분될 것인가? 이것은 엘리자베스 기구,[65] 발레리 지스카르 데스탱,[66] 프랑수아 레오타르,[67] 피에르 베레고부아 사이에 있었던 공동 회담이 이미 폐기된 오래된 균열을 자아내는 일이었다. 그러한 위험을 피하기 위해, 사람들은 이미 유럽의 현대성이란 주제로 언론에서 일찍이 해설한 적이 있는 사람들로 해설을 제한했다. 여러분들은 이 사설을 《르 푸앵》지에서 읽지 않으셨습니까? 여러분들은 유럽 1방송에서 해설을 들을 수 있습니다. 에르테엘 방송에서는 듣지 못

《우파와 좌파 La droite et la gauche》《논리의 역사 Histoire de la logique》, 《오렐리앵의 무덤 Le Tombeau d'Aurélien》 등의 작품이 있다. 〔역주〕

65) 사회당 출신의 여성 국회의원 및 유럽의회의원, 고용연대부 장관 등을 역임한 정치가. 〔역주〕

66) 에콜 폴리테크니크와 국립행정학교(ENA)를 졸업하고 프랑스민주연합(UDF)당의 국회의원과 당수를 역임하였으며, 1974년 프랑스 대통령으로 선출되었으나 1981년 대통령 선거에서 미테랑에게 패하여 연임에 실패했다. 〔역주〕

67) 여당인 '프랑스민주연합' 당의 국회의원을 시작으로 문화부 장관, 국방부 장관 등을 역임한 프랑스의 정치가. 〔역주〕

하셨습니까? 《르 누벨 에코노미스트》[68]지를 다시 읽으십시오. 모든 기자들이 '찬성표' 지지의 투사들이었던 프랑스 제2TV 방송의 '진실의 시간' 이란 프로에 대해 말하자면, 이 방송의 진행자인 프랑수아 앙리 드 비리외[69]를 다시 보려면, 그가 에르엠세(RMC) 방송에서 프랑스 제1TV 방송의 기욤 뒤랑[70]과 장 도르메송이 대통령 선거에서 이용했던 대담 방송에 대한 해설을 듣는 것으로 충분했다: "기자들은 물론 《렉스프레스》지의 여론 조사를 통해 확인했듯이, 마스트리히트 조약의 인준 '반대'를 지지하는 가장 대표적인 사람인 필립 세갱[71]의 참석이 논쟁의 정화에 있어 절대적으로 필연적인 것이 아니라는 사실입니다."

하지만 논쟁이 분명하지 않다면 게임 또한 항상 동일한 것은 아니다. "당신은 유럽에 평화를 정착시키고, 머지않아 세계에서 가장 강한 통화를 만들기를 원하십니까?"라고 한 사람이 질문했다. 그러자 "사람들이 월요일에 더욱 건강한 모습을 보일 수도 있지만, 건강한 모습이 아닐 수도 있다"라고 다른 사람이 대답했다. 이어서 "반대표는 프랑스의 신용을 떨어뜨리고, 찬성표는 프랑스의 힘을 과시하게 될 것이다"라고 세번째 사람이 단호하게 말했다. 신중해 보이는 이러한 의견의 상치, 9명 중 8명

---

68) 우리나라 경제 신문에 해당하는 경제지.〔역주〕

69) 유럽방송위원회 의원이자 기자로 프랑스 제2TV 방송의 '진실의 시간' 이란 정치 프로를 진행하였다. 저서로는 《미디어 관료 *Médiacrate*》가 있다.〔역주〕

70) 프랑스 제1TV 기자를 거쳐 프랑스 제2TV 기자로 활동중인 소설가. 《사강의 시대 *Les années Sagan*》《푸른 공포 *La peur bleue*》 등의 작품이 있다.〔역주〕

71) 국립행정학교 출신의 프랑스 정치인으로 국회의장(1993-1997), 사회고용부 장관 등을 역임했다.〔역주〕

의 해설위원이 방송에서 '마스트리히트 조약'에 대한 지지를 표명한 바 있는 라디오 방송에서 사람들은 '찬성'에 우호적인 주간지 편집국장의 해설을 '찬성'에 우호적인 일간지 편집국장의 해설에 대립시킬 때, 논쟁의 이유가 무엇인지를 쉽게 알아차렸다. 생태학적인 '논쟁'이 프랑스 앵테르 방송에서 브리스 랄롱드를 앙투안 바쉬테르[72]와 대립시켰으며, 처음으로 이 두 사람 모두는 마스트리히트 조약에 찬성했다. 유럽 1방송에는 매주 일요일 이 조약의 인준을 찬성하는 두 기자(세르주 쥘리와 알랭 뒤아멜) 사이의 '일대일 대담'이 진행됐다.

베르나르 피보[73]가 "부자들과 미디어 종사자들의 혐오스런 리스트" 즉 "인생이 충족된 코고는 사람들의 모임"이라고 불렀던 사람들뿐만 아니라 무식하고 광신적인 평범한 사람들 또한 존재했다. 장 프랑수아 칸의 표현을 빌리자면 "찬성보다는 반대"를 "유럽 통합보다 윤리 정화의 논리"를 더 좋아하는 "무뢰한" "파괴자 악당" "양심의 가책자" "희망의 파괴자"로 불리는

---

72) 브리스 랄롱드: 프랑스의 정치인. 소르본대학교 총학생회장 출신으로서 '지구의 친구들'을 만들어 자연보호를 실천하였으며, '자연보호당(Les écologistes)' 후보로 대통령 선거에 입후보하였고, 로카르 내각에서 환경부 장관을 역임했다.

앙투안 베스테르: 환경운동가이자 정치인, '녹색당(Les Verts)'을 창당하여 당수를 거쳐 대통령에 입후보했다.

73) 기자 양성 전문학교를 졸업하고, 프랑스 국영 라디오 텔레비전 방송국(ORTF) 기자로 방송 생활을 시작한 문학 담당 전문 기자로 유명하다. 제2TV 방송의 문학 프로 '아포스트로프(Apostrophes)'를 비롯하여, 프랑스의 전설적인 문학 전문 프로인 '부이용 드 퀼튀르(Bouillon de Culture)'의 프로듀서 겸 진행자로 명성을 떨치고 있다. 《보존해야 할 단어 1백 개 *100 mots à sauver*》《베르나르 피보의 받아쓰기 *Dictées de Bernard Pivot*》 등이 있다. [역주]

이 모든 사람들은 따라서 정리되었고, 최악의 위협에 직면하게 되었다. 즉 당시 유럽의회 회장이었던 자크 들로르의 해임이었다. 2년 전 이라크 사람들에 대해 조레스[74] 노선을 덜 지지하는 사람들로 자처하던 사람들은 "전쟁은 이것으로 충분하다!"고 선언했다.

언론에서 말하는 사람은 주간지에서도 말하는 사람이다. 프랑스 앵테르 방송에서 이방 르바이[75]가 중용의 노력을 기울인 방송이었음에도 불구하고 '찬성'이 '반대'보다 훨씬 더 많이 열정적으로 반복 인용되었다. 예컨대 르바이는 "에드가 모랭[76]의 텍스트 강독은 나에게 거의 의무적인 것으로 여겨졌다"라고 우리들에게 설명했다. 아울러 《르 피가로》지가 찬성에 대한 마지막 논지를 폈을 때" 프랑스 앵테르 방송의 복사판이라 할 수 있는 '미디어 비평' 프로가 르바이와 더불어 찬성에 대한 마지막 논지를 정리하기 위해 있었던 것이 아니라는 사실을 의심할 그 어떤 필요성도 없었다. 방송국의 보도국장이 지스카르 데스탱의 캠페인에 "매혹되고 감동을 받았다," 레이몽 바르[77]의 캠페인에 "아주 감동을 받았다," 로카르의 캠페인에 "전적으로

---

74) 장 조레스(1859-1914): 프랑스의 정치가 · 철학자 · 역사가. 사회당 · 노동당 노선의 정치가로 국회의원을 역임하였으며, 1904년 공산당 기관지 《뤼마니테》를 창간했으며, 식민지 정책을 반대하다가 암살되었다. 〔역주〕

75) 프랑스 앵테르 방송 진행자로 출발한 르바이는 유럽 1방송 정치부 국장을 거쳐 이 방송의 '미디어 비평' 코너를 담당하였으며, '프랑스 앵테르' 방송과 '프랑스 뮤직' 방송의 '미디어 비평' 코너를 담당했다. 〔역주〕

76) 프랑스의 대표적인 지성인 중의 한 사람으로 대학에서 역사 · 지리 · 법학을 전공했으며, 레지스탕스 당원이기도 했다. 국립과학연구원(CNRS)의 책임연구원, 《논증 Arguments》지와 《코뮈니카시옹 Communications》지의 편집국장을 거친 철학자이자 인류 · 사회학자이다. 〔역주〕

감격했다," 파비우스의 캠페인에 "연설이 감동적이었다"라고 자백하는 것은 아니었다. "단지 찬성하는 사람만이 존재한다"는 사실은 보도국장이 방송국 기자들 중의 한 사람임을 주목하게 할 뿐이었다.

'반대 의견'이 표명되었지만 자주 표명된 것은 아니었다. 장 피에르 엘카바크와 함께 유럽 1방송의 질문은 전사임을 자처하기에 충분했다: "슬로건만을 말하는 것을 피하기 위해" 엘카바크는 필립 드 빌리에르[78]의 이야기를 가로막았다. 그리고 피에르 메스메르[79]는 다음과 같이 소개되었다: "드골주의 신봉자인 그는 죽은 지 20년이나 된 드골 장군에게 말하도록 하면서 마스트리히트 조약에 반대표를 던진다고 말하고 있습니다." 지스카르 데스탱과는 본론에 들어가자 더욱 세심한 배려를 기울였다: "당신은 교육적이면서 동시에 이성적인 훌륭한 캠페인을 찬성 쪽으로 유리하도록 노력했습니다." '찬성' 지지자들에 대한 취급이 소홀히 다루어지자 이들은 상당히 불쾌하게 생각했다. 프랑스 제2TV 방송에서 수상인 피에르 베레고부아[80]가 집요한

---

77) 프랑스의 정치가 · 법률가. 경제학 박사 출신으로 리옹 시장, 국회의원, 경제재정부 장관, 수상을 역임했다. 〔역주〕

78) 국립행정학교 출신의 정치가로 '알루에트(Alouette)'란 FM 라디오 방송을 창설하였으며, 세갱 · 파스쿠아(Pasqua)와 함께 마스트리히트 조약에 반대하는 캠페인을 벌였다. 〔역주〕

79) 법학 박사 출신의 국회의원으로, 드골 정권하에서 국방부 장관을 역임하였으며, 현재 아카데미 프랑세즈 회원으로 활동중이다. 〔역주〕

80) 피에르 베레고부아(1925-1993): 레지스탕스 출신의 프랑스 정치가로 사회당 창당 멤버였고, 미테랑 대통령의 절친한 친구로 수상을 역임했으며, 수상 재직시 불법적인 은행 대출 문제가 불거지자 자신의 결백함을 증명하려고 1999년 권총 자살하여 전 세계를 놀라게 했다. 〔역주〕

한 기자에게 다음과 같이 노골적으로 응수했다: "나는 시간이 많아요. 기자 양반 당신도 시간이 많기를 희망합니다." 이 말은 맞는 말이었다. 방송이 그에게 예속되어 있기 때문이었다.

이들은 시간이 많았다. 프랑스 제1TV 방송에서 '찬성' 지지자들인 3명의 기자들과 '패널'들로부터 질문을 받은, 11년 전에 발견된 암으로 고통을 받고 있다고 공표한 공화국 대통령은 그날 밤 3시간짜리 방송을 하는 동안 밤 11시경까지 '반대 의견'의 대변인격인 필립 세갱 씨와 당당하게 맞섰다. 영국 일간지 《가디언》은 그날 밤 토론을 '유럽 통합을 위한 정치 광고'에 비유했다. 5년 뒤, 그날 토론에 참석했던 이들 가운데 한 사람이었던 장 도르메송[81]은 "그날의 토론이 선전 방송"이었다고 고백했다.

그렇지만 《레벤느망 뒤 죄디》지의 지지를 받은 파비우스[82]는 다음과 같이 불만을 토로했다: "미디어의 관점에서 반대는 더 이상 관심거리가 아니다." 방송위원회는 여름 동안 '찬성 지지' 방송이 '반대 지지' 방송보다 훨씬 더 방송되었다는 사실을 밝혔다. 예컨대 프랑스 제1TV방송에서는 46퍼센트 이상, 프랑스 제2TV 방송에서는 53퍼센트 이상, 프랑스 제3TV 방송에서는

---

81) 에콜 노르말(파리고등사범학교) 출신의 프랑스의 대표적인 석학이자 문필가이며, 아카데미 회원으로 《르 피가로》지의 사장을 역임했다. 저서로는 《사랑은 기쁨이다 *L'amour est un plaisir*》(1956)란 소설을 시작으로 《그것은 좋았다 *C'était bien*》《그리고 너, 나의 심장, 너는 왜 뛰느냐? *Et toi, mon coeur, pourquoi bats-tu*》(2003)에 이르는 수십 편의 소설을 쓴 현존하는 프랑스의 대표적 소설가 가운데 한 사람.

82) 국립행정학교 출신의 프랑스 정치가로서, 사회당 국회의원, 국회의장, 수상을 역임했다. 〔역주〕

191퍼센트가 찬성을 지지했다. 하지만 "휴가 동안에는 반대 세력의 캠페인이 우세했다"라고 당시 유럽 1방송, 《르 푸앵》지, 《코티디앵 드 파리》지의 해설(사설)위원이면서 동시에 프랑스 제2TV 방송 기자인 미디어의 독점에 대해 불만을 품고 있었던 알랭 뒤아멜은 판단했다.

도쿄 주재 프랑스 특파원은 다음과 같이 지적했다: "마스트리히트 조약: 일본은 이 조약안에 찬성표를 던질 것이다." 이러한 보도는 브뤼셀 주재 일본 사무소 사무국장에 의해 확인되었다. 《르 피가로》지 미국 특파원인 스탠리 호프만은 《뉴욕 타임스》지와 빌 클린턴 후보가 미국에서도 이 조약안에 반대보다는 찬성을 선호할 것이라는 사실을 알렸다. 《르 누벨 옵세르바퇴르》지는 "미국과 일본, 어째서 마스트리히트 조약은 이 두 나라를 두렵게 하는가?"라는 제목을 달았다. 아울러 자신 또한 이 조약을 찬성하던 베레고부아가 걸프전 1년 후 이 조약이 부결될 경우 프랑스는 "미래의 부시 대통령을 지지할 수" 없을 것이라고 말했을 때, 많은 해설가들이 베레고부아를 지지했다. 모든 것이 분에 맞았다. 유럽통화체계(SME)의 성공이 단일 통화의 성공을 예측할 수 있을까? 대대적인 성공은 단일 통화를 더욱 필요한 것으로 만들어 줄 것이다.

마지막으로 일부 여론의 조작이 일어나기도 했다. 필립 세갱 씨가 '반대 의견'의 가장 경쟁력 있는 대변인 중의 한 사람임을 자처하면서 '찬성'의 승리를 '은밀하게' 원하고 있다고 비난했다: 이 조약을 "만약 반대할 경우, 통화의 광풍이 몰아닥칠 것이다. 만약 이 조약을 찬성할 경우, 이자율의 감소가 따를 것이다"라고 당시 산업부 장관이었던 도미니크 스트로스 칸이 약속했다. 찬성은 이자율을 올릴 것이다. 피에르 베레고부아는 이 사실을 다음과 같이 아주 잘 지적한 바 있다: "만약 사람들이 마스트리히트 조약에 대해 훌륭한 지식을 갖고 있다면, 사람들은 반드시 이 조약안에 찬성표를 던질 것이다."

2

자본 앞에서의 신중함

자신들의 독립에 대한 황금빛 전설을 쓰면서, 프랑스 기자들은 일반적으로 자신들의 정치 권력과의 관계 발전만을 강조한다. 아울러 기자들은 이러한 제한된 좁은 구역 안에서 항상 거의 동일한 장소, 즉 바로 **TV**란 공간을 계량한다.

따라서 기자들에게는 행정부의 장에게——그의 질문에 미리 합의된 주제로——질문을 던지는 사람의 목소리가 기자란 직업 세계의 새로운 자유가 자신들에게 정립되어 있는 것처럼 보이기 위해, 미셸 드루아[1]와 샤를 드골 사이에 있었던 회담이나 파트리스 뒤아멜과 발레리 지스카르 데스탱 사이에 있었던 '회담'의 목소리보다 약간 덜 서두르는 목소리를 갖는 것으로 충분하다. 어째서 기업들은 정보에 부과되는 구속에 그토록 관심을 보이지 않는가? 왜냐하면 권력이 장소를 바꾼 것처럼 보

---

1) 미셸 드루아(1923-2000): 파리정치학교 출신의 소설가 겸 기자로 《피가로 문학》지를 거쳐 프랑스 앵테르 방송의 시평을 쓰기도 했으며, 《피가로》지의 논설의원으로도 활동했고, 아카데미 프랑세즈 회원이기도 했다. 특히 프랑스 제1TV 방송 기자로 재직 당시 1965, 1968, 1969년에 걸쳐 드골 대통령과의 TV 대담을 성사시켜 진행한 유일한 기자로 이름을 날렸다. 《황혼의 불꽃 *Les feux de crépuscule*》이란 저서가 있다. 〔역주〕

이고, 엘리제 궁이 프랑스인들에게 삶의 변화, 즉 기업의 변화에 적응하도록 충고하는 임무 이외의 다른 임무를 갖고 있지 않은 것처럼 보이기 때문이다.

촘스키는 끊임없이 다음과 같은 사실을 반복하여 언급한다. 즉 서구 사회에서 미디어적 이탈에 대한 분석은 음모 이론에 대한 어떤 도움을 필요로 하지 않는다. 어느 날 한 미국 학생이 다음과 같은 질문을 했다: "나는 어떻게 정확하게 엘리트가 미디어를 통제할 수 있는지를 알고 싶습니다." 그리고 그 학생은 반박한다: "어떻게 엘리트가 제너럴 모터스를 통제할 수 있는가? 의문은 제기되지 않는다. 엘리트가 제너럴 모터스를 통제해서는 안 된다. 이것이 엘리트에 속하는 일이다."[2] 기업과 미디어 사이에 증대하는 뒤얽힘은 프랑스가 제3공화국하에서 겪었던 상황으로 이르게 하며, 제3공화국에서 레지스탕스 국가자문위원회의 프로그램은 "언론의 자유, 국가, 재력과 외부의 영향에 대한 언론의 명예와 독립"을 보장하면서 막을 내린다. 약 50년이 지난 후 '부이그 그룹,' '마트라 아셰트(Mattra-Hachette)' 그룹, '라 제네랄 데 조(La Générale des Eaux),' '아바스(Havas)' 그룹, '라 리요네즈 데 조(La Lyonnaise des Eaux)' 그룹과 같은 대기업들은 프랑스 미디어의 역사에서 끔찍한 추억으로 간직되는 제철소위원회의 유산이 되고 말았다.[3]

뉴스 보도를 위해 어떤 결과가 일어났는가? 1993년 7월 24일, 프랑스 제1TV 방송은 사주인 부이그 씨의 사망 소식으로

---

2) 노엄 촘스키(Noam Chomsky), 《미디어와 필요한 환상 *Les Médias et les Illusions necéssaires*》, 에디시옹 K 필름 출판사, 1993, p.39.

뉴스를 시작하여 25분간 부이그 씨 격찬 일변도(“훌륭한 사장” “불굴의 건축가” “전례가 없는 경력”)의 뉴스 시간을 할애했다. 당시 이 방송의 단골손님이었던 에두아르 발라뒤르와 자크 랑[4] 이 “프랑스의 국위 선양”에 큰 공헌을 한 “걸출한 인물”로 회 고하며 경의를 표했다. 부이그의 방송사(프랑스 제1TV 방송) 직 원인 파트리크 푸아브르 다르보르와 안 생클레르 같은 이 방송 의 간판 앵커들은 자신들의 사주였던 부이그 씨에게 깊은 애도 를 표하였다. 아주 위대한 인물의 장례식은 많은 사람들, 즉 수상·자크 랑·타피·들로르·라가르데르를 비롯하여 상원의 장과 프랑스 대통령 같은 거물급 인사들을 불러모을 것이다.

정치 권력과 프랑스 제2TV 방송 사이의 관계에 대해 이 방 송의 기자회장인 마르셀 트리야[5]는 다음과 같이 설명한다: “장 관들은 방송이 자신들을 만족시킬 때 방송국에 출연하지만, 시사 문제가 자신에게 부과될 때 방송에 항상 출연하는 것은 아니다.”[6] 프랑스 제1TV 방송에 출연하는 헤아릴 수 있는 장 관들은 대부분 대주주의 거물급 손님들이다. 부이그는 카사블

---

3) 양차 세계대전——이 기간 동안 프랑스 언론은 돈으로 좌지우지되었던 것으로 유명하다——사이의 프랑스 후원의 중요한 핵인 제철소위원회는 여 러 일간지(《르 탕 모데른 *Le Temps Moderne*》지과 《르 주르날 데 데바 *Le Journal des débats*》지)를 통제했으며, 좌파 정부와 중도좌파 정부의 신용을 떨어뜨리 기 위해 적극적인 역할을 수행했다.

4) 프랑스의 정치가. 미테랑 대통령 당시 10년 동안 프랑스 문화부 장관으 로 재직하면서 문화의 민주화와 대중 문화의 보급에 적극 앞장섰던 인물이다. 〔역주〕

5) 프랑스 제2TV 방송 편집국장이며, 다큐멘터리 전문 기자로 ‘특파원 코 너’란 프로그램을 제작했다. 저서로는 《노동자의 내 목소리 *Ma voix ouvrière*》 《떠돌이 친구의 괴짜 여행 *Les drôles de voyage d'un camarade errant*》이 있 다.〔역주〕

랑카 사원과 아가디르(Agadir) 공항을 건설했다. 따라서 모로코 왕이 프랑스 제1TV 방송의 뉴스 시간에 초대되었다. 이어서 이 군주는 '사크레 수아레(Sacrée soirée)'라고 불리는 장 피에르 푸코[7]가 진행하는 방송에 계속하여 출연했다. 부이그사는 앙골라의 비행장 건설 수주를 원했다. 아니나 다를까 요나스 사빔비[8]가 '프랑스 제1TV 방송'의 저녁 8시 뉴스에 갑자기 출연했다. 부이그사는 코트디부아르에 가스 굴착 허가권을 얻기를 희망했다. 코트디부아르에서 부이그 그룹은 이미 물과 가스 분배를 통제하고 있었다. 코트디부아르 대통령이 프랑스 제1TV 방송의 뉴스에 등장한 것은 당연한 절차였다. 유럽의 중요 채널에서 국제적인 시사 뉴스를 보도할 때 항상 기자들이 사용하는 거친 보도 용어와는 달리 이러한 시사 뉴스는 부드럽게 다뤄졌다. 아울러 시청자들은 현재 부이그사가 수주하여 공사중에 있는 중요한 공사들을 똑같이 알고 있었다. 예컨대 일-드-레(Ile-de-Ré)교(橋), 홍콩의 화려한 건물, 노르망디 교(橋), 생드니 경기장 등등. 마지막 예에 해당되는 생드니 경기장은 대부분의 사람들이 프랑스 제1TV 방송의 모기업인 부이그사에서 건설을 낙찰받을 것으로 예상했던 공사건으로, 이미 수많은 존경과 찬사를 받은 바 있는 르포(탐방 기사)의 기삿거리가 되었다. 1996년 2월 6일자 부이그사에 대한 르포의 예

---

6) 1996년 4월 18일자 《레벤느망 뒤 죄디》지.

7) 에르엠세(RMC) 방송의 사회자 선발시험을 거쳐 방송에 입문한 후, 프랑스 제1TV 방송의 사회자로 인기가 높다. 《눈물이 날 정도로 미소짓기 *Sourire aux larmes*》란 소설집이 있다. 〔역주〕

8) 앙골라 출신의 앙골라의 완전 독립을 주창하는 반군 지도자. 〔역주〕

를 들어 보자: "어마어마한 건설 현장." "3백50명의 동료들과 함께 일하는 번잡한 장소." "이 공사는 정말로 놀라운 작업이다!" 부이그사는 또한 문화를 이끌어 가는 주역이기도 했다. 베르톨루치[9]는 프란시스 부이그에게 헌정한 영화이기도 한 자신의 영화 《작은 부처》가 개봉되었을 당시 안 생클레르의 '세트 쉬르 세트'란 방송에 초대되었다.[10] 프랑스 제1TV 방송은 마틴 스코시즈를 감독으로 영입하고, 로버트 드 니로와 샤론 스톤을 주연 배우로 섭외하여 《카지노》란 영화를 공동으로 제작했다. 1996년 2월 25일 샤론 스톤이 '세트 쉬르 세트'[11] 프로에 갑자기 출연한 것은 당연한 일이었다.

부이그 그룹의 방송인 제1TV에서 저녁 8시 뉴스와 일요일 저녁 8시 시사 프로그램인 '세트 쉬르 세트'란 방송을 10년 동안 진행해 온 안 생클레르의 선택을 분석하는 것은, 바로 수많은 시청자들이 이해하였음에 틀림없는 '이미 들었던 것'과 '너무 자주 보았던 것'(발라뒤르-파비우스-사르코지-랑-사르코지-파비우스-발라뒤르……)에 대한 인상을 아주 빨리 터득하는 일이다: "1992년 12월부터 1995년 3월까지, 우파 리더십 점검을 위한 2년간의 캠페인 기간 동안 시라크파 인물보다 발라뒤르파 인물들의 방송에의 초대 회수가 4배 이상 많았다.

---

9) 이탈리아 출신의 영화감독.〔역주〕

10) 1994년 2월 14일자 《텔레라마》지.

11) 안 생클레르가 진행하는 프랑스 제1TV 방송의 일요일 밤 8시 대담 방송. 프랑스 각 사회 계층을 대표하는 인물은 물론 외국의 유명인사를 초청하여 앵커와의 대담 형식으로 진행되는 이 프로는, 프랑스 및 세계의 제 문제에 대해 진단하고 평가하는 이 방송의 간판 프로그램으로 프랑스인들 사이에서 인기가 아주 높다.〔역주〕

[…] 필립 드 빌리에르는 1993년에서 1995년 사이 8시 메인 뉴스 프로그램에 네 차례나 출연했다. 로베르 위[12]는 단 한번도 초대받은 적이 없었다. 자크 사라크는 이 방송의 민영화에서 1995년 사이에 단지 네 차례만 초대받았을 뿐이다. 이 방송에 초대받은 출연 회수는 12명의 인물이 시라크보다 앞서며, 시라크는 피에르 신부[13]와 알랭 맹크[14]를 포함한 5명의 인물과 동일한 회수를 기록하였다."[15]

하지만 부이그 그룹의 방송은——권력으로부터 더욱 독립하기 위해 1987년 민영화된——종종 대주주와 관련된 일부 사업을 조심스럽게 다루는 법을 익히 잘 알고 있었다. 예컨대 1995년 11월 7일 화요일, 프랑스 제1방송의 8시 뉴스는 프랑스 법원이 뇌물 사건으로 내사를 받았던 자신의 사주인 파트리크 르 레[16]에게 보호 관찰이라는 판결을 내린 사건을 방송하지 않고 슬그머니 지나쳤다. 12월 19일 파트리크 푸아브르 다르보르가 저녁 8시 뉴스에서 진행한 다음의 멘트에서 이와 유사한 조심성을 확인할 수 있다(텍스트 전문): "마르탱 부이그 씨는 사업가 피에르 보통의 스위스에서의 회계 문제에 관한 조

---

12) 간호사 출신의 프랑스 공산당 국회의원. 〔역주〕
13) 파리 주교. 가난하고 힘없는 프랑스인은 물론 프랑스 내의 외국인 노동자들을 위해 일하는 인권운동가. 〔역주〕
14) 국립행정학교(ENA) 출신으로 프랑스 미디어계에 큰 영향력을 미치고 있는 에세이스트 중의 한 사람. 저서로는 《새로운 지도자들에게 보내는 서한 *Epîtres aux nouveaux maîtres*》《행복한 세계화 *La Mondialisation heureuse*》 등이 있다. 〔역주〕
15) 피에르 페앙과 크리스토프 니크, 앞의 인용서, pp.621-625 재인용.
16) 파리정치학교 출신의 현 프랑스 제1TV 방송 사장. 저서로《변화에 직면한 지도자들 *Les dirigeants face au changement*》이 있다. 〔역주〕

사를 이유로 리옹 경찰 당국의 요청으로 낭테르 시의 소환에 응했습니다. 그룹 본사에 대한 조사가 필요한 듯 여겨집니다.”

3일 후, 이번에는 클레르 샤잘[17]이 아주 프로 기자다운 간결한 멘트로 다음과 같이 방송을 진행했다(텍스트 전문): “피에르 보통의 스위스에서의 회계 서류에 관련된 문제로 부이그 그룹 회장인 마르탱 부이그 씨의 회사 자본금 유용에 관한 조사가 있었음을 알고 계시기 바랍니다. 아울러 피에르 보통 씨 또한 회사 자본금의 은닉을 이유로 조사를 받았습니다.” 파트리크 푸아브르 다르보르의 뉴스는 단 10초 동안 진행되었으며, 클레르 샤잘의 뉴스는 13초가 걸렸을 뿐이다. 1년 전에 클레르 샤잘은 이미 에두아르 발라뒤르에게 다음과 같은 질문을 현명하게 던진 바 있었다: “수상께서는 검사들이 속마음을 모두 털어놓는 사람에게까지 집요하게 추적하는 바람에 놀라지 않으셨습니까?”

부이그 그룹의 사건에서 알 수 있는 진실은 다른 많은 미디어 또한 다른 기업의 지배하에 들어갔다는 사실이다. 장 뤼크 라가르데르는 톰슨-세에스에프(CSF)[18]의 고급 간부들을 유혹하기 위해 이들에게 호소하는 어투로 다음과 같이 설명했다: “언론 그룹은, 여러분들도 알게 될 것이지만, 계약을 수주하기

---

17) 프랑스 제1TV 방송의 간판 여기자 겸 작가. 그랑제콜 중의 하나인 상업학교(HEC)를 졸업하고 국립행정학교 입학시험에 떨어진 후, 유럽 1방송에서 기자 생활을 시작했다. 이어서 《레 제코》지와 프랑스 제2TV 방송 기자를 거쳐 현재 프랑스 제1TV 방송의 주말 저녁 8시 뉴스를 진행하고 있으며, 《초등학교 여교사 *L'Institutrice*》《고민해 봤자 무슨 소용이 있느냐 *À quoi bon souffrir*》라는 소설집이 있다. 〔역주〕

18) 1901년에 설립된 공무원 신용 금고. 〔역주〕

위해서는 아주 중요합니다."[19] 실제로 라가르데르는 그해 10월 상징적인 1프랑에 대항하고, 그룹을 아바스 그룹에 양보하면서 언론 그룹을 포기했던 알카텔-알스톰을 희생물로 삼아 톰슨-캐나다계 회사인 **CSA**와의 계약을 체결했다. 국가는 말하자면 쥐페 내각 시절에 톰슨의 간부 대신 마트라-아세트 그룹 회장의 유혹을 받았던 것이다. 장 뤼크 라가르데르는 자신이 소유주인 유럽 1라디오 방송을 청취하는 힘으로 신자유주의적 견해를 쉽게 전달하는 훌륭한 경영자로 상징되는 인물이다: "경쟁은 치열하다. 세계는 하나의 마을이 되었으며, 싸우고 돈을 벌기 위해 가장 잘 적응한 기업들은 국가의 압력과 구속을 참아서는 안 되는 기업들이다. 나는 결코 정치를 하지 않았으며, 하지 않을 것이다. 하지만 수상인 알랭 쥐페의 용기는 나의 존중과 존경을 강요한다고 감히 말할 수 있다. […] 물론 마스트리히트는 비평할 만하다. 유로화로의 이행 또한 마찬가지로 비평할 만하다. 하지만 그렇게 해야 한다!"[20] 이와 같은 그의 정치적 무관심에 안심한 정부는 망설이지 않았다. 국가는 장 뤼크 라가르데르에게 톰슨사를 제공했다.

하지만 '매각'은 실패했다. 아세트 그룹 소유인 《파리 마치》지에 기고했던 자신의 기사로 인해 더 많은 자유를 누리게 된 스테판 드니[21] 기자는 분개하여 다음과 같이 말했다: "성공한 민영화가 다이내믹하고 돈을 버는 기업가의 두 어깨에 놓여 있다는 이유만으로 의심이 가는 매각으로 간주하는 것은 역설

---

19) 1996년 11월 6일자 《르 카나르 앙셰네》지.
20) 1996년 11월 9일자 《르 푸앵》지.

적인 일이다." 수필가-철학자-영화감독(연출가)-논설위원이면서 동시에 아셰트 출판사의 자회사인 그라세 출판사의 문학 자문위원이기도 한 베르나르 앙리 레비 또한 덩달아 찬성하고 나섰지만, 다음과 같이 분명하게 자신의 입장을 밝혔다: "장 뤼크 라가르데르는 나의 한 친구이며, 나는 분명하게 말하지만, 어떠어떠한 상황에서 톰슨이 정당하게 양도하게 되었는지를 판단할 특별한 능력이 없다." '특별한 능력'이 새로운 철학자에게 자신의 견해를 밝히지 못하도록 하지 않았기 때문에, 분명히 말하지만 앙리 레비는 자기 '친구'의 조사 과정에서 그 어떤 '극도로 흥분된 과열 상태,' 말하자면 '환경의 불합리'라는 증거를 보았던 것이다. 아주 우울하게 레비는 다음과 같이 결론짓고 있다: "나는 역경을 많이 경험하고 극복한 사람이 승리하는 것을 보았기 때문에 라가르데르에 대해 염려하지 않는다. 하지만 나는 우리가 보고 있는 매주 표적이 나타나는 이 대학살 놀이에 대해 스스로 의아해하고 있다. 라가르데르의 사건은 하나의 징후로 볼 수 있다. '엘리트의 파괴'가 계속되고 있다."[22]

1994년 5월 알카텔-세이테 그룹 회장이었던 피에르 기셰가 사기 혐의로 조사를 받았고, 이어서 구속 수감되었다. 당시 알

---

21) 기자 겸 작가로 오랫동안 《파리 마치》지 기자로 활동하였으며, 현재는 《르 피가로》지 논설위원이다. 《왈테르 씨의 부동산 *Les Immeubles de Wlater*》 《매혹적인 소년 *Charmant garçon*》 등의 소설이 있으며, 《자매들 *Sisters*》로 '앵데랄리에' 상을 수상했다. [역주]
22) 1996년 11월 9일자 《르 푸앵》지.

카텔의 100퍼센트 자회사였던 제네랄 옥시당탈(Générale Occi-dentale)에 의해 통제를 받던 주간지 《렉스프레스》지의 회장이었던 장 클로드 카사노바는 곧바로 기세의 구속을 비난하고 나섰고, 카사노바 또한 '엘리트의 파멸'을 염려했다: "누군가를 투옥하는 것은, 특히 유명인사를 감옥에 넣는 것은 정당한 처벌이라고 확인되지 않은 처벌을 모욕하는 행위이다."[23] 몇 주 후 《렉스프레스》지 또한 당시 알카텔-알스톰 회장이었던 피에르 쉬아르에게 '12시간 이상' 동안 모욕을 준 검찰의 조사를 문제삼고 나섰다: "검사가 약간 서둘러 판결을 내린 것은 아닌가? 한 가지 확신: 피에르 쉬아르에 대한 조사는 이 그룹의 국제적인 명성에 누가 될 위험이 있다."[24] 피에르 쉬아르에게 명백한 혐의가 있었음에도 불구하고 당시 《렉스프레스》지 기자였던 실비 피에르 브로솔레트는 TV에서 처벌의 가혹함을 고발했다: "프랑스에서는 누군가가 엄청나게 많은 돈을 벌면, 이를 가만히 두고 보지 않는다." 가난한 사람들의 영원한 질투를 유익하게 환기시키면서 실비는 검사들을 공격했다. 검사들의 "태도가 완전히 놀랄 만한 것이었다고 판단하면서. 검사들은 똑같은 양식으로 서슴지 않고 장관들과 사장들을 공격한다 […] 이것이 최초로 기업 회장이 자신의 기업을 경영하지 못하도록 방해한 사건이었다!"[25] 실비도 방송 진행자였던 미셸 코타[26]도 그 당시 알카텔과 《렉스프레스》지 사이에 존재했던 상

---

23) 1994년 6월 4일자 프랑스 제2방송의 '미디어 비평' 프로그램.
24) 1994년 7월 7일자 《렉스프레스》지.
25) 1995년 3월 11일자 프랑스 제2방송의 《미디어 비평》 프로그램.

호 관계에 대해 프랑스 제2TV 방송 시청자들에게 알리는 것이 필요하다고 여기지 않았다.[27] 몇 년 전부터 경제부 기자들이 '많은 돈을 벌고,' 우리 산업의 '국제적인 명성'을 선양시킨 유명인사들에게 해야 하는 배려를 잊고 있는 우리들의 정의의 변전에 대해서 많이 불안해하고 있다는 사실이 우연의 산물인가?

제네랄 옥시당탈 그룹은 1994년에 프랑스 전체 주간지 시장의 50퍼센트 이상을 통제했다. 그리고 모기업인 알카텔은 공공 시장에 중요한 영향을 미치고 있는 기업에 속한다. 이러한 모기업의 위치가 뉴스 보도에서 큰 영향을 미칠 수 없다고 생각할 수 있는가? 민영화의 분석이나 정부 정책에 관련된 관점의 분석에 관계될 때도 마찬가지로 큰 영향력을 미치지 않는다고 생각할 수 있는가? 1994년 '부이그' '알카텔' '라 리요네즈 데 조' 그룹이 제3의 무선전화기 사업을 인수하려고 서로 경쟁하던 시기에 한 일간지 또한 경제 체계의 분쟁에 거의 타격을 가하지 않는다고 다음과 같이 보도했다: 《월 스트리트 저

---

26) 프랑스의 여기자로 미테랑 정부하에서 라디오-프랑스 사장, 프랑스 제1TV 보도국장, 방송위원장을 지냈으며, 《협력 *La Collaboration*》《대통령 비망록 *Carnets secrets de la présidentielle*》《주피터의 거울 *Les Mirroirs de Jupiter*》《제6공화국 *VIe République*》《승리의 비밀 *Les secrets d'une victoire*》《정치 서커스 *Politic Circus*》 등의 저서가 있다.

27) 미국 기자들은 일반적으로 자신의 소유주와 자신들이 보도하는 정보 사이의 이해 관계의 충돌 가능성의 여부를 자신들의 독자나 청취자들에게 알리는 의무에 익숙하다. 따라서 ABC(디즈니 그룹 소속인) 방송이나 NBC(제너럴 일렉트릭 소속) 방송은 자신들이 자신들의 대주주에 직접 관련된 흥미로운 뉴스를 취급할 것임을 거의 매번 다음과 같이 환기시킨다: "이 방송사의 소유주인 디즈니사는……"

널》은 프랑스에서 "실제로 극히 제한된 순환이 존재하고 있다고 폭로했다. 이 제한된 순환에서 정치적 단골주의와 미디어의 영향력이 산업적 전략과 기술적 수완만큼 계산될 수 있다."[28]

부이그 그룹은 단지 며칠 만에 공개 입찰에서 사업을 수주했고, 20억 프랑 규모의 생드니 올림픽 경기장 계약을 이미 할당받았다는 사실을 안 후였다. 따라서 대통령 선거의 전망에서 프랑스 제1TV 방송은 대단히 무거운 분위기였다. 요컨대 발라뒤르 후보는 오랫동안 부이그 그룹의 불행한 경쟁자가 불만을 품지 않도록 주의했다. 이렇게 해서 '라 리요네즈 데 조'가 예금 공탁에 접속된 일부 TV망을 담당했다. 아울러 알카텔은 휴대폰을 관리했다. 저널리즘이 돈을 잃는 섹터라고 상상하는 아주 순진한 사람들……

소유주의 관심과 뉴스의 이해 관계 사이에서 이미 공격받은 기자는, 자신에게 모순을 환기시켜 준 사람이 바로 다름 아닌 정치인일 경우 좀더 불쾌한 자가당착 속에서 발버둥치기 마련이다. 따라서 1993년에서 1995년 사이 에두아르 발라뒤르 언론자문위원을 지낸 베르나르 브리굴렉스는, 자신의 중국 여행에 대해 너무나 비판적인 기사를 담고 있는 《르 푸앵》지의 커버스토리에 대해, 이 글을 쓴 잡지의 여기자 카트린 페가르에게 수상 자신이 직접 경고했던 신랄한 주의를 다음과 같이 털어놓았다: "당신들은 내가 당신들의 대주주(당시 알카텔 회장

---

28) 최근의 작품에서 출처의 표시 없이 인용되었던 이 인용문은 1995년 2월자 《르 몽드 디플로마티크》지의 '해바라기 성향의 저널리즘(Un journalisme de révérence)'에서 처음으로 사용되었다.

이었던 피에르 쉬라르)에게 돋보이게 했다는 것이, 만약 이 사실이 당신 주간지인 《르 푸앵》지 칼럼에서 나의 중국 여행에 관한 단순한 어떤 서류를 읽기 위한 것이었다면 베이징에 중요한 계약을 체결하러 갈 필요가 정말로 없었다는 사실을 이해할 것입니다."[29] 그리고 어떻게 이러한 주목을 이해하지 못하겠는가? 자신이 1986년에서 1988년 사이 자크 시라크 내각의 재정부 장관을 지내면서 알카텔-알스톰의 민영화를 추진했던 발라뒤르는 피에르 쉬아르만큼 문제를 잘 알고 있었다. 발라뒤르는 이어서 야당 국회의원으로 재당선되었고, 봉급쟁이로 이 기업의 자회사를 경영하기도 했다.

1995년 아바스 그룹은 알카텔을 인수했다. 알카텔이 통제해 오던 거대한 미디어 주식과 이미 카날 플뤼스 방송을 소유하고 있던 아바스 그룹은 프랑스에서 가장 높은 청취율을 자랑하는 에르테엘 방송국의 출자 분담에 재빠르게 참여했다. 마침내 '라 제네랄 데 조' 그룹이 '아바스'를 감독하게 되었다. 피에르 도지에의 주재로 운영되던 아바스 경영위원회는 어느 정도 권력 견제 중앙위원회의 성격을 띠고 있었다.[30] 그렇다고 해서 이것이 반체제파의 양성소일까? 1997년 4월 다음과 같은 사람들이 아바스 그룹의 이사로 선임되었다: 클로드 베베아르(위아페(UAP) 그룹), 기 드주네(제네랄 데 조), 뤼시앵 두루(크레디아그리콜(Crédit Agricole)), 알베르 프레르(뷔뤼셀-랑베르), 장 피에르 알브롱(알카텔-알스톰), 기욤 안조(제네랄 데 조), 장 마

29) 베르나르 브리굴렉스, 《발라뒤르 내각의 무례한 이야기 *Histoire indiscrète des années Balladur*》, 알뱅 미셸 출판사, 1995, p.110.

리 메시에(제네랄 데 조), 르네 토마(베엔페(**BNP**) 은행), 마르크 비에노(소시에테 제네랄 금융 회사), 피에르 레스퀴르(카날 플뤼스).[31] 사람들은 이러한 사실을 이해했는가? 행정가들은 종종 사람들이 중소기업총연합회(**PME**)와 혼동할 위험이 있는 위에서 인용한 회사의 사장들이다.

어떤 기자가 경쟁사의 신문을 읽으면서 자신의 신문에서 계획하고 있는 것이 무엇인지를 최소한 단 한번도 발견하지 못하겠는가? 충격은 무서웠다. 하지만 우리가 가속화된 계획 수정, 지방화와 세계화의 시대에 살고 있기에 '정보 사회'의 보병들인 우리 자신들을 대우(**Daewoo**)나 엘렉트로뢱스(**Electro-lux**)의 봉급생활자보다 한층 더 특별히 배려해 줄 것이라고 생각할 그 어떤 이유도 갖지 않는다. 이때부터 호랑이 가죽 위에 앉아 사진찍기를 좋아하는 알랭 마들랭[32]의 한 측근인 클로드 베베아르[33]와 같은 부드러운 명사들에 좌우되어 기자들은 육

---

30) 프랑스 최초의 출판사인 자회사 세으페(**CEP**) 커뮤니케이션을 통하여 아바스는 다음의 기업을 통제하였다: 01 정보 통신, 쿠리에 앵테르나시오날(Courrier International), 랑트르프리즈(L'Entreprise), 《렉스팡시옹 L'Expansion》지, 《렉스프레스》지, 라 프랑스 아그리콜(La France agricole), 고미요(Gault-Millau), 《라 가제트 데 코뮌 La Gazette des Communes》지, 《리르 Lire》지, 메종 프랑세즈(Maison française), 르 모니퇴르 뒤 베테페(Le Moniteur du BTP), 로르디나퇴르 앵디비디(L'Ordinateur Individu), 라 비 프랑세즈(La Vie française), 뤼진 누벨(L'Usine Nouvelle), 윈도우스 플러스(Windows Plus)를 비롯하여 10/18, 벨퐁(Belfond), 보르다스(Bordas), 아르망 콜랭(Armand Colin), 달로즈(Dalloz), 뒤노(Dunod), 고티에 빌라르(Gauthier-Villars), 아라프(Harrap), 로베르 라퐁(Robert Laffont), 라루스(Larousse), 마송(Masson), 나탕(Nathan), 페랭(Perrin), 플롱(Plon), 포케(Pocket), 프레스 드 라 시테(Presse de la Cité), 르 로베르(Le Robert), 솔라르(Solar)……

31) 1997년 7월 4일자 《언론 통신》.

식 세계에서 살아가는 법을 배운다. 종종 사냥꾼이라기보다는 사냥감으로.

기자들의 의존도와 이들의 운명에 대해 또 다른 사항을 살펴보자면…… 1996년 고위층의 마음에 거슬렸던[34] 크리스틴 오크랑은 아바스 그룹의 통제를 받아 오던 주간지 《렉스프레스》에서 물러났고, 그녀 대신 드니 장바르[35]가 편집국장으로 임명되었다. 이 사건을 통해 독자들은 구소련의 크레믈린 당국이 일하는 방식으로 취급된 셈이었다. 비밀스런 숙청 작업이 일어났음에 틀림없는 일이었다. 왜냐하면 기사에 대한 각별한 조심을 기울이는 단 한 명의 예약 구독자만이 알아차릴 수 있었던 사실인 여성 편집국장의 해설이 갑자기 이 잡지에서 사라졌기 때문이었다. 하지만 이처럼 시사 뉴스에서 사라졌던 그 주 내내 오크랑은 여전히 뉴스의 '러시'[36]에서 모습을 드러

---

32) 프랑스의 변호사 겸 8선 국회의원으로 유럽의회의원을 역임했고, 산업 관광부 장관과 재경부 장관을 지낸 인물. [역주]

33) 파리이공과대학(에콜 폴리테크니크) 출신의 프랑스 최대의 생명보험 회사인 '악사(AXA)' 그룹의 회장. [역주]

34) 핵실험이 끝난 얼마 후 《렉스프레스》지는 가장 높은 부수의 신문 판매 유지를 위해(크리스틴 오크랑), 공직의 차원에서 얻은 정보를 독단으로 민영화에 이용하는 전문가로 자처하던 자크 아탈리(Jacques Attali)에 의하면, 프랑수아 미테랑 대통령이 자신의 후계자로 거론되던 시라크에 대해 "만약 시라크가 대통령이 된다면 시라크는 전 세계의 웃음거리가 될 것이다"라는 담화 내용을 제1면에 실었다. 1995년 10월 5일자 《렉스프레스》지.

35) 기자 겸 작가로 《렉스프레스》지 편집국장을 거쳐 사장으로 재직중에 있으며, 여전히 이 잡지의 사설을 쓰고 있다. 《선거의 셀프서비스 *Self-service electoral*》《침묵의 공화국 *La République silencieuse*》《생각해야 할 독재자들 *Les dictateurs à penser*》《국가의 어떤 비밀 *Un secret d'état*》《배반의 찬사》《프랑스의 질문 *Questions de France*》《대숙청 *La grande lessive*》 등의 저서가 있다. [역주]

냈다(편집책임자의 이름이 표시된 박스 기사에서). 사람들이 러시를 통해서 이제부터 편집국장이 드니 장바르라는 사실을 알아차린 것은 바로 다음호인 2335호에서이다. 그런데 만약 아바스 그룹의 주간지가 사람들의 이목을 끌지 않는 것으로 보인 것은, 뉴스를 위한 뉴스란의 부재에서 기인한 것은 전혀 아니었다. 《렉스프레스》지는 실제로 미디어에 할당된 '붉은 페이지'라는 뉴스란을 오래전부터 이용해 왔다. 작은-숙청의 순간에 '붉은 페이지'는 좌천의 소문을 환기시켰지만, 라디오 몽테-카를로(Radio Monte-Carlo)에서는 아무런 언급이 없었다. 다른 사람들이 비밀을 지키려는 취미를 비난하고 나서는 것이 자신들 스스로가 '투명함'이란 의무에 복종하고 있다는 사실을 의미하는 것 또한 아니다.

　실제로 새로운 것은 아무것도 없었다. 기자들은 거의 언제나 구속이라는 복장을 하고 엄격하게 규제를 받고 있었다. 지난 세기 동안 언론의 자유는 언론을 소유한 사람에게 속해 있었다. 언론을 소유하지 못한 다른 사람들에게 언론의 자유는 '가난한 사람들에게 침묵'이었다. 그렇다면 어째서 정보를 다루는 전문가인 기자 자신들이 연마하는 재능보다도 사람들이 자신들에게 제공하는 시계에 대한 주지의 사실에 더 빚지고 있다는 사실을 망각한 채 갑자기 세상의 주인 역할을 하고자 결심했는가? 어떻게 기자들은 한 기업가가 자신의 방향 결정에 영향을 받지 않으려고 하면서도 영향력이 있는 수단을 사려고 한다는 것을 상상할 수 있을까? 그런데 그 어느것도 이 소유

---

36) 촬영이 끝난 편집용 필름. 〔역주〕

주들이 좌파 당원이란 사실을 파악하는 것을 방해하지 않는다. 피에르 쉬아르와 파트리크 르 레는 종종 알랭 마들랭을 지지했다. 그렇다면 루퍼트 머독·마거릿 대처·뉴 깅그리치는 누구를 지지했는가? 아울러 콘래드 블랙, 캐다나 보수주의자들과 네타나우는 또한 누구를? 실비오 베를루스코니가 지지한 사람은 또 누구란 말인가![37] 《뉴욕 타임스》지의 전문 저술에서 에드윈 다이아몬드는 '권력 견제' 국가에서 상황 차이가 거의 존재하지 않는다고 설명한다. "기자들은 결정이 자신들에게 속한다고 잘못 믿고 있다. 하지만 설즈버거[38] 가족이 인기 경쟁을 조직하지 않고 투표 용지를 수집하지 않기를 바라는 것은 바로 설즈버거의 가족 신문이기 때문이며, 이 가족은 가족이 인기 경쟁을 조직하지 않고 투표 용지를 수집하지 않기를 바라는 것을 신문에서 그대로 실천에 옮기고 있다." 아울러 아서 옥스 설즈버거는 다음과 같이 확언한다: "만약 내가 저녁에 집에 있을 경우, 아울러 신문 기사 중에서 무엇인가 나의 마음에 들지 않은 것이 다음날의 초판에 나갈 것이라고 판단되면, 나는 주저하지 않고 데스크에게 전화를 걸어 '나한데 그 초판을 빼다 달라'고 말할 것이다."[39]

프랑스에서 《렉스프레스》지의 이야기는 아주 좋은 원형을

---

37) 머독: 오스트리아 출신의 '뉴스 커퍼레이션-미디어 엔터테인먼트 컴퍼니(News Corpration-Medias Entertainment Company)' 회장; 뉴 깅그리치: 미국 국회의원; 콘래드 블랙: 캐나다 출신의 언론 재벌; 네타나우: 이스라엘의 총리; 실비오 베를루스코니: 이탈리아의 총리.〔역주〕

38) 하버드 경영대학원 출신의 《뉴욕 타임스》 사장.〔역주〕

39) 에드윈 다이아몬드(Edwin Diamond), 《타임스 비사 Behind The Times》, 빌라드 출판사(Villard Books), 뉴욕, 1993, p.234.

제공한다. 장 자크 세르방 슈레베르 소유였던 이 신문은 소유주의 개혁 운동 서비스에 착수했다. 장 자크 세르방 슈레베르가 자신의 주간지를 지미 골드스미스에게 매각했을 때, 거의 이와 동시에 이 주간지는 당시 영국 기업의 대처식 사고의 공명상자가 되었다. 그리고 장 프랑수아 르벨은 자신의 회고록에서 1981년에 있었던 《렉스프레스》지에서의 당시 자신의 사직이 편집국장과 소유주 사이의 어떤 이데올로기적인 부조화에서 비롯되었다고 명확하게 밝힌 바 있다: "나는 지미에게 《렉스프레스》지가 자유 사회와 민주 세계를 위해 봉사해야 할 의무가 있는 주간지라고 한 번 이상 다짐했다." 이러한 결별을 초래한 불화는 또 다른 본질의 문제였다. 즉 르벨은 새로운 소유주가 미국식 조명 장식을 만드는 취향으로 이 잡지의 목차를 엉망으로 만드는 것을 단지 거절했을 뿐이었다. 르벨이 떠나자, 르벨의 후계자는 양심의 가책을 덜 느꼈던 것처럼 보였다. 말하자면 "새로운 사주는 대주주로서의 사상가적 재능을 지닌 공정하고 수용 능력이 있는 승인자의 길로 접어들었다."[40] 실제로 지미 골드스미스의 이 새로운 주간지는 어느 날 제1면과 핵심호에…… 지미 골드스미스에 의해 프랑스를 위해 세심하게 준비된 '자유주의의 계획'이란 기사를 게재했다.[41] 얼마 후, 우리가 알고 있듯이 알카텔 그룹이 이와 유사한 길을 답습했다. 알카텔 그룹 다음에는 아바스 그룹이 그 길을 걸었다. 그렇다면 그 다음 후계 그룹은 누구인가?

---

40) 장 프랑수아 르벨(Jean-François Revel), 《회고록. 텅 빈 집에서의 도둑 *Mémoires, Le voleur dans la maison vide*》, 플롱 출판사, 1997, p.620.

41) 1984년 9월 28일자 《렉스프레스》지.

3
시장의 저널리즘

권력의 추구, 자본 앞에서의 신중함. 물론 이러한 프랑스 언론의 이중적 의존은 이미 위축된 복수 체제라는 조건을 만들었다. 하지만 사람들은 이 정도에서 그치지 않는다. 모든 이데올로기적인 설비는 이미 권위와 부를 소유한 사람들의 통치를 더욱 튼튼하게 한다. 거리를 두고 멀리서 취재한 주제들과 언제나 집중 공격을 받은 비-주제들의 총체는 규격에 들어맞는 사고의 왕국을 확장한다.

기자들이 표절하고, 데스크의 똑같은 공문과 '참고'하는 타 신문에 게재된 소식과 동일한 소식을 자신의 신문에 반복하여 게재하는 것에 스스로 만족하는 것처럼 보일 때, 이것은 게으름일 수 있고, 종종 경쟁 의식의 부재나 교양의 부재, 기자라는 자신의 직업을 훌륭하게 수행할 수 있도록 해주는 할당된 시간의 부재에서 기인할 수 있으며, 또한 이러한 것이 사실이기도 하다.[1] 조정하려는 의지가 항상 정보의 차단을 설명하는 것

---

1) 독자에 대한 경고: 지적인 도둑 행위에 속하는 표절은 직업의 윤리적 측면에서 볼 때 결코 허용될 수 없다. 표절은 최악의 일에 속한다. 이미 표절

은 아니다.

예컨대 1995년 10월 17일에 파리의 고속지하철(RER)에서 테러가 발생했다. 부이그 그룹에 속하는 케이블 뉴스 채널인 '엘세이'[2] 방송은 계속하여 이 뉴스를 보도했고, 곧바로 '이슬람 전문가'에게 도움을 청했다. 그리고 그토록 계속하여 반복된 뉴스로 인해 방송이 마비될 지경에 이르렀고, 마침내 방송이 참신성을 잃어버린 절정의 순간에도 계속된 혼란스럽고도 수다스런 질문은 다음과 같이 용해되고 말았다: "당신은 우리나라에 살고 있는 이슬람교도들과 프랑스인들 사이에 분열이 점점 더 심각해지고 있다는 인상을 갖고 있지 않습니까?" 분열이라는 도처에서 통하는 어휘, 프랑스 사람들과 이슬람교도들 사이의 절대적인 구별, 이슬람교도들과 회교도들 사이의 자동적인 연합. 말하자면 그 어떤 적의에 찬 표현도 찾아볼 수 없었다. 하지만 서투른 질문이 정신 구조를 견고하게 할 뿐이었다. 서투른 질문 그 자체 또한 정신 구조의 산물이었다.

1996년 9월 11일, 유럽 1방송은 다음과 같은 긴급 뉴스를 방

에 손을 댔다고 확신하는 기자들은 미디어의 은총을 계속하여 추구한다. 프랑스에서 가장 유행하는 표절 기술은 일반적으로 한 동료의 기사·분석 및 데이터를 단 한번 완전히 부차적인 방식으로 표절하는 행위이다. 표절한 동료의 기사가 부정한 방법으로 취득한 것이라는 명백한 사실에 부딪쳤을 때, 명백한 범죄 행위에 해당되는 이 표절 행위자는 종종 다음과 같이 대담하게 응수하기도 한다: "당신도 알다시피, 나는 당신에게 이미 경의를 표했었습니다……." 미국 언론에서는 이러한 형태의 표절 행위는 범죄에 해당되며, 기자라는 직업의 신용도를 추락시킨다. 잘 알다시피 대학에서 표절 행위는 학생이나 교수의 결정적인 제명의 원인이 되기도 한다.

2) 1994년 개국한 24시간 생방송으로 진행되는 TV 정보 채널로 약 5백만 명의 회원이 가입되어 있다. [역주]

송했다: "사담 후세인은 끊임없이 미국인들을 조롱하고 있습니다. 이라크의 미사일 한 대가 미국 전투기를 향해 포격을 가했습니다." 우리는 이 멘트에서 뉴스 전문 기자가 정직하게 자신의 일을 수행하고 있다고 생각했다는 사실을 알 수 있으며, 다음과 같은 또 다른 보도를 통해서도 이 기자가 여전히 완곡한 어법을 사용했다고 스스로 판단하고 있음을 알 수 있다: "이라크는 이라크를 포격하려는 빌 클린턴의 비행기 한 대를 격추시켰습니다." 그 다음날 유럽 1방송의 한 기자는 자신의 이러한 보도에 스스로 위로를 받았다. 《르 피가로》지는 3페이지의 전 지면을 할애한 기사에서, "사담 후세인이 미국에 용감하게 맞서고 있다"라는 제목을 달았다. '조롱하고' '용감하게 맞서다' 와 모욕죄의 의인화(인격화): 그렇지만 이라크 영토에 포격을 가하는 미국 비행기가 문제가 되었다······. 마니교(선악이원론)로 엄선했지만, 국제 뉴스는 잘못 방송되었다. 아울러 이처럼 스스로 글을 쓰지도 않고, 지적으로 많은 것을 필요로 하지 않는 국제 뉴스에 너무나 많은 시간이 할애됐다. 민영 라디오들은 이러한 사실을 이해했다. 예컨대 에르테엘 방송은 유럽 이외의 지역에 4명의 특파원만을 파견하고 있다. 말하자면 아프리카·아시아·라틴아메리카에는 1명의 특파원도 파견되어 있지 않은 실정이다.[3]

세상에 대한 망각은 이데올로기이다. 왜냐하면 이 망각은 또 다른 세상을 건설하기 때문이다. "기분 전환을 하게 만드는 다양한 사건"[4]은 이데올로기이다. 왜냐하면 이것은 하찮은 것,

---

3) 1997년 1월 24일자 《언론 통신》.

즉 나머지의 일탈에 관심을 집중시키기 때문이다. 구독률(시청률) 또한 이데올로기이다. 따라서 마르셀 트리야와 야니크 르트랑샹은 매분마다 시청자들에게 실시한 여론 조사 덕택에 프랑스 제2TV 방송의 뉴스 보도국이 진행해야 될 뉴스와 피해야 할 뉴스를 알게 되었노라고 설명했다. 여론 조사의 결과는 스펙터클을 통해 미리 알려졌다. 즉 "우리들의 대중은 만족하게 될 것이다. 아주 종종 일시적 사고, '드라마틱한 이미지들,' 정치와 경제를 주무르는 두뇌들의 목어(허언)에 만족할 것이다. 흥행업 스타들이나 영화 스타들은 카르팡트라(Carpentra) 지방의 가장 큰 양배추의 신기록이나 오트−피레네 지방 목장의 육질 좋은 소에 대해서는 말하지 않고, 생방송으로 진행되는 밤 8시 뉴스에서 자신들이 내놓은 최근 상품의 판매 촉진을 확보하러 온다. 경쟁이란 이름으로 이들 각자는 다른 사람을 흉내내기 위해 달리고 있다."[5]

그리고 아주 의식적인 이데올로기가 존재한다. '편협된 사고'란 표현이 명성을 떨친다. 하지만 이 표현은 사람들이 이 표현을 정확하게 정의할 때마다 다수의 예측된 보증인을 잃고 만다.[6] 부드러운 사고이든지 고지식한 사고이든지 결코 강하거나 관대한 사고는 아니지만, 이러한 사고는 가장 나쁜 전통성, 즉 사고가 교리라고 주장하지 않는 것과 마찬가지로 중압감을

---

4) 피에르 부르디외, 《텔레비전에 대하여 *Sur la Télévison*》, 리베르−레종 다지르 출판사, 1996, p.16.

5) 1997년 7월 5일자 《르 몽드》지의 마르셀 트리야와 야니크 르트랑샹이 공동으로 기고한 "프랑스 2TV 방송에서 달리 뉴스하는 법 Informer autrement sur France 2."

준다. 물리·기상·생물학적 법칙을 본떠서[7] 사고는 진실이라고 자칭한다. 대기자들이 아주 열심히 드나들었던 자신들의 후계자들인 '이성 서클'은 반항하는 사람들을 시대에 뒤떨어진 사람들, 또는 계시를 받은 사람들로 취급한다. 말하자면 고작해야 양로원의 간호사보다 더 세련된 예절을 소유한 사람으로. '학문'은 프랑스와 외국에서 신앙이 '세상에서 가장 위대한 것'을 구성하고 있는 것만큼이나 전투적인 신앙을 요구하며, 세상의 모든 스승들에 의해 구분되었다.

편협된 사고는 중립적이거나 변덕스럽지 않으며, 두 개일 수 없다. 편협된 사고는 '보편적인 의도'라는 이데올로기적 용어로 국제 자본의 이해 관계를 표현한다.[8] 그런데 사람들은 이것을 '시장,' 즉 자본의 큰 수완가라고 부른다. 편협된 사고는 사람들이 국제 경제 제도에 할당하는 공정함의 평판과 신용을 사용하고 오용하는 국제 경제 제도에서 그 힘을 갖는다. 예컨대

---

6) 1995년 1월 《르 몽드 디플로마티크》지에 게재되었던 이그나시오 라모네(Ignacio Ramonet)의 '편협된 사고(La Pensée unique)' 참조.

7) 두 가지 예. 첫번째 기상학적 예: "나는 시장이 정당하게 사고하는지 어떤지를 알지 못하지만, 사람들이 시장에 거역하여 생각할 수 없다는 사실을 안다. 나는 우박을 싫어하지만 ……과 함께 살고 있는 농부와 같다. 이러한 사실을 알아야 한다. 이러한 사실로부터 다음의 사실이 가능하다: 기상 현상이 중요한 것처럼 행동하라."(알랭 맹크, 1995년 5월 《르 데바》지)

두번째 생물학적인 예: "잔 칼망(112세: 프랑스의 최고령 할머니) 이후 애플 컴퓨터 회사(21세) ……와 같은 기업 또한 사라진다. [···] 기술 발전 및 그 가속화는 도처에서 회사의 수명 조건을 근본적으로 변형시켰다. 물론 이것은 필수 불가결하며, 생존을 위한 이들 기업간의 투쟁은 인위적인 방식을 띤 체계적인 도움에 이르러서는 안 된다. 사람의 죽음이나 회사의 사멸은 가끔은 선호되어질 수도 있다."(1997년 8월 9일 《르 몽드》지 사설)

8) 이그나시오 라모네의 앞의 책.

국제통화기금(IMF)·경제협력개발기구(OECD)·관세 및 무역에 관한 일반 협정(GATT)과 국제무역기구(OMC)·프랑스은행(Banque de France) 같은 국제 경제 기구에서. 이 편협된 사고는 국회의원들을 법의 협상 테이블, 즉 '협상 가능한 하나의 정치'에 복종시키려고 고집한다. 이 편협된 사고는 '무시할 수 없을 것'이며, 부자들의 지지를 얻는다. 또한 이 편협된 사고는 방향이 없는 민주주의적 토론을 꿈꾼다. 왜냐하면 토론이 양자택일이란 두 한계 사이에서 더 이상 심판하지 않을 것이기 때문이다. 이러한 사상을 존중하는 것은 충분한 수익성이 곳곳에서 사회적 유용성보다 우위에 선다는 사실을 용인하는 것이며, 정치의 경멸과 돈의 지배를 조장하는 것이다.

이러한 사실을 항상 스스로 깨닫지 못하는 저널리즘의 거물들은 매일 이러한 유혹을 폭로한다.《르 피가로》지의 편집국장인 프란츠 올리비에 지스베르는 다음과 같이 시라크 씨에게 갑작스럽게 질문한다: "프랑스가 이 지경까지 이르게 된 것은 프랑스의 경직성 때문이 아닙니까? 특히 젊은이들이나 이민자들의 고용을 차단하고 있는 최저임금제의 장막 때문이 아닙니까?"《르 푸앵》지의 편집국장 중의 한 사람인 필립 마니에르[9]는 지스베르와 자기 회사 사장의 기벽을 되풀이하여 강조한다. 요컨대 최저임금제에 대한 재평가는 '자존심을 상하게 하는 지원'에 해당될 것이다. 게다가 어떤 측면에서 봉급의 불균형

---

9) 경제·정치 전문 기자로《렉스팡시옹 *L'Expension*》지의 편집국장.《그들이 자본주의를 죽이려고 한다 *Ils vont tuer le capitalisme*》《민중의 보복 *Vengeance du peuple*》《프랑스의 무분별 *L'Aveuglement français*》《쓰레기통으로 간 마르크스 *Marx à la corbeille*》 등의 저서가 있다. 〔역주〕

은 가장 가난한 사람들을 양산하고, 사회 진보를 양산하는 한 요인이다."[10] 프랑스의 운동선수들이 동계 올림픽에서 나쁜 성적을 거두었는가? 에르테엘 방송 보도국장인 올리비에 마즈롤은 다음과 같이 예상하지 못한 답변을 제시한다: "즉 프랑스 사람들은 운동선수가 아니다. 왜냐하면 우리들은 국가 신뢰도 (État-providence)를 존중하는 습관을 갖고 있기 때문이다."[11]

프랑스 제1TV 방송의 뉴스 진행자인 장 클로드 나르시[12]는, 도미니크 스트로스 칸을 초대한 자리에서 다음과 같이 칸에게 설교했다: "노동 시간을 단축하는 일은 하나의 사건입니다. 아직도 노동자들이 자신들의 봉급을 삭감하는 것을 수용해야 합니까? 어떻게 당신은 이 사실에 대해 노동자들을 설득할 수 있겠습니까?"[13] 자신들의 본의와는 달리 주변의 신자유주의 굴레에 의해 만들어진 시청자들은 양식의 문제에 관계된다고 판단했다. 아마도 시청자들은 마치 기자들이 다음과 같이 자신의 질문의 말미를 양식화할 것이라고 상상했을 것이다. "봉급생활자들이, 모든 연구가 이를 증명하는 것처럼 15년 전부터 강하게 발전해 온 대안인 자신들의 연금을 깎아내리는 것을 아직도 수용해야 합니까? 어떻게 당신은 이것에 대해 이들을 설득할 수 있습니까?" 꿈을 꾸는 듯한 시간, 도미니크 스트로스 칸은 틀림없이 당황했으며, 경제는 다시 복수 체제로 전

---

10) 필립 마니에르가 기고한 1995년 1월 7일자 《르 푸앵》지의 '불평등의 덕목(*Les vertus de l'inégalité*).'

11) 1994년 2월 24일 프랑스 제2TV 방송의 '미디어 비평' 방송.

12) 프랑스 제1TV 기자로 저녁 8시 뉴스를 진행하기도 했으며, '리슐리외' 상(1995)을 수상했다.

13) 1994년 2월 24일 제1TV 방송 저녁 8시 뉴스.

환되었고, 프랑스 제1TV 방송은 부이그 씨의 방송 채널로 전락하지 않을 것이다.

기업의 문화, 위대한 균형의 세레나데, 세계화에 대한 사랑, 프랑화 강세에 대한 열정, 증권가의 호황, 사회적 쟁취에 대한 구형, ‘소외된 사람’이란 명목으로 봉급생활자들에게 죄의식을 갖게 하려는 열정, 집단적인 열정의 두려움. 말하자면 이러한 편협된 사고, 즉 이러한 기업주적인 공정, 수천 개의 제도, 조직과 커미션들이 이러한 사상을 강타했다. 하지만 틀림없이 미디어들은, 미디어가 우파를 지지하건 또는 좌파를 지지하건 편협된 사고에게 복화술사, 즉 잠도 국경도 없는 세상에서 우리들의 존재를 또박또박 말하고 있는 경제란 장단에 맞춘 심포니 오케스트라의 구실을 하였다. 프랑스 제1TV 방송은 세계 여러 나라의 큰 수익을 창출해 줄 무역의 자유화를 허용하는 가트 협약 인정 조약이 “낡은 정신에 대한 젊은 정신의 승리, 과거의 종교에 대한 미래 의식의 승리”의 기호라고 해설했다. 유럽 1방송 부편집국장이면서 《발뢰르 악튀엘》지와 《피가로 마가진》지의 논설위원인 카트린 네[14]는 프랑스 제2TV 방송에서 ‘소비 욕망의 위축’에서 야기된 경제 위기를 다음과 같이 설명했다: “나는 저녁 식사중이었다. 저녁을 먹는 손님들의 식사가 검소했지만 사람들이 잘사는 것으로 인식하고 있었다……. […] [사람들은] 자동차를 2년 더 타고, 드레스를 1년 더

---

14) 《렉스프레스》지 여기자로 유럽 1방송의 정치 평론을 담당하고 있다. 《적과 흑 *Le rouge et le noir*》《미테랑 대통령의 7년 *Les 7 Mitterand*》 등의 저서가 있다. 〔역주〕

입었다."[15] 식사를 하는 동안 수집한 경제적 확신에서——높은 명성을 얻기 위해서 프랑스 논설위원(해설위원)들이 세상의 비참에 대해 조사하고 지배층의 연설을 듣는 데 결코 비굴해져서는 안 되기라도 하는 것처럼 분명하게[16]——《르 푸앵》지의 사장은 매주 실존하는 자본주의의 주술과 자본주의의 죽은 대수학을 되풀이하여 뇌까리는 것을 더 좋아했다: "상식과 같은 단순한 감정을 가지고 우리들이 이러한 재정의 초과와 번거로운 절차의 과잉, 이러한 의무 공제의 환각 상태, 현재 아시아에서 그토록 많은 사람들이 가벼운 발걸음으로 발길을 옮기고 있는 광경을 목도하고 있는 형편인데도 우리에게 납처럼 무거운 장화를 신게 하는 이러한 사회 보장의 구멍 뚫린 바구니 앞에서 경고를 한 지도 벌써 20년이 되었다."[17]

종종 제조 상표가 애매한 것이 아니다. 《피가로 마가진》지와 뉴스 채널인 엘세이 방송의 경제 평론 담당자이며, 프랑스 제1TV 방송의 '프랑스의 봉사'란 프로의 책임자인 장 마르크 실베스트르[18] 또한 매일 아침 사장의 이데올로기를 전파하러 프랑스 앵테르 방송에 출근한다. 장 마르크 실베스트르는 다음과

---

15) 1993년 7월 10일 프랑스 제2TV 방송의 '미디어 비평' 프로.

16) 부르디외의 《세계의 비참》(1993년, 르 쇠이유 출판사)에서 파트리크 샹파뉴의 '미디어의 비전(*La vision médiatique*)' 편을 읽을 것.

17) 1994년 2월 5일자 《르 푸앵》지.

18) 파리-도피네대학 경제학 박사 출신의 경제 전문 대기자. 《엑스팡시옹》지와 《르 누벨 에코노미스트》지를 거쳐, 프랑스 제1TV의 경제사회 편집국장으로 '경제 코너'를 진행하고 있다. 저서로는 《기업의 경제 전략 *La stratégie financière de l'entreprise*》《은행 의존의 프랑스 *La France bancale*》《국가 주인은 바로 나다 *L'État patron, c'est moi*》《왼쪽 어깨의 작은 고통 *La petite douleur à l'épaule gauche*》 등이 있다. 〔역주〕

같이 방송에서 고백했다: "나의 독서 일람표는 케인스 이론이 아니라 오히려 통화주의이다." 하지만 한 청취자가 다음과 같이 질문한다: "어째서 한 기업이 가장 좋다고 기업에 대한 평가를 할 수 있습니까? 단지 그 기업이 물건을 가장 싸게 팔아서 그러십니까? '물건이 가장 좋다는' 말은 그 말 속에 이미 그 회사를 고려한다는 사실이 내포된 것입니다." 실베스트르는 다음과 같이 응수한다: "경제 발전 없이 회사의 발전은 없습니다." 청취자는 다음과 같이 강조한다: "회사가 퇴보한다면 경제 발전이 있겠습니까? 실베스트르는 약간 언짢아하며 다음과 같이 반복한다: "경제의 발전 없이 회사의 발전은 없습니다."[19] 이상의 내용은 주고받기식 질의응답의 보기 좋은 예로 볼 수 있다. 말하자면 프랑스에서 가장 보편적인 경제 평론 담당자가 자신의 직업을 지배하고 있는 우둔한 경제주의를 막 찬양했던 것이다.

이 점에서 시장의 저널리즘은 독자나 청취자나 기자들에게 한 제목에서 다른 제목으로, 한 방송국에서 다른 방송국으로, 한 채널에서 다른 채널로 넘어가는 것이 아주 쉬운 프랑스의 미디어를 지배한다고 볼 수 있다. 주간지에서 이러한 유사성은 진력이 난다. 즉 표지, 부록과 기사들은 서로 교환 가능한 것이 되었다. 또한 이것이 종종 예약 구독의 조건이기도 하다——좀더 분명히 말하자면 신문과 함께 무상으로 제공된 가전제품의 가치와 같은 것[20]——이것이 바로 고객의 언론 선택을 결정짓는다. 그렇지만 약 4년 전에 기 시트봉[21]은 다음과 같이 기

---

19) 1994년 11월 3일 프랑스 앵테르 방송.

고한 바 있다: "《르 피가로》지를 구독하세요. 《르 피가로》지를 한 페이지 한 페이지 해체해 보세요. 그러고 나서 각 페이지를 수많은 방식으로 다시 조립하려고 노력해 보세요. 그런다고 해서 여러분들은 결코 《르 누벨 옵세르바퇴르》지를 얻지는 못할 것입니다."[22] 기 시트봉은 다음과 같은 사실을 잊고 있었다: 프란츠 올리비에 지스베르가 《르 누벨 옵세르바퇴르》지 사장이었다는 사실을…….

이들이 너무 지나쳤는가? 등급이 있는 저널리즘에 대한 까발림과 저널리즘의 독재적인 본질에 대한 이해가 장차 여론의 눈을 멀게 한다면, 이것은 틀림없이 최근 몇 년간 점점 더 모호해진 저널리즘의 베일을 강하게 비판했다는 사실을 입증하는 것이다. 걸프 전쟁, 마스트리히트 조약, 가트 협약. 이러한 여러 관점의 신중한 대조를 요구하고, 나라의 장래에 관계되는 이러한 모든 주제에 관해 거의 모든 일간지 · 주간지 · 라디오 방송 · TV 방송들은 매번 동일한 논지로 신속하게 대응했다. 전쟁과 돈 · 무역 등의 봉사에 관해.

4년 전, 《리베라시옹》지의 현 사장인 로랑 조프랭은 장 폴 사르트르에 의해 창간된 이 일간지가 사르트르가 아마도 추구하지 못했던 목표에 도달했다는 사실을 털어놓았다: "우리는

---

20) 《르 누벨 옵세르바퇴르》지는 2백95프랑의 구독료로 전자식 전화기 한 대(또는 소형 전축), FM 라디오 한 대(또는 만년필-볼펜 한 세트)……와 23부의 주간지를 제공한다. 《렉스프레스》지는 구독료 4백90프랑으로 원격 조종 가능한 녹음식 자동응답기 한 대(할로겐램프가 달린 자명종 기능의 라디오 한 대), 개성 있는 만년필 1개……와 30부의 주간지를 제공한다.

21) 《르 누벨옵세르바퇴르》지 기자. 〔역주〕

22) 1993년 8월 19일자 《르 누벨 옵세르바퇴르》지.

좌파 내에서 자본주의 승리의 도구였다."[23] 기자들은 재능이 많은 사람들이다……. 하지만 기자란 직업의 매력 가운데 하나는 끊임없이 프로메테우스로 취급되는 아르타방(Artabans)[24]에 의해 위로를 받는 것이다. 말하자면 "프랑스 제1TV 방송 뉴스에서 기자들이 하는 보도는 일이 성사되도록 하는 데 공헌한다. 예컨대 기근에 허덕이던 소말리아를 위해서 쿠쉬네르 기자의 보도 덕택에, 우리들의 취재가 '구호 식량' 작전에 동참하도록 했으며, 소말리아에서 기근이 사라졌다"[25]고 언젠가 파트리크 푸아브르 다르보르는 털어놓았다. 또한 우리들은 언론 취재의 무질서를 측정할 수 있다. 예컨대 다이애나 왕세자비의 사망을 특종 보도하기 위해 헌신하는 모든 언론의 정열적인 취재가 그 한 예이다. 그렇지만 정치의 두번째 칼날은 최소한 미디어적으로 자신들에게 존재하는 행운이 배가되기를 바라는 방송 스타의 거대한 허영을 만족시키는 것을 결코 잊지 않았다. 1994년 1월 보스니아의 운명에 대해 언급하면서, 당시의 국방부 장관이었던 프랑수아 레오타르는 주저하지 않고 다음과 같이 단호하게 말했다: "바로 여러분들, 기자 여러분들이 당신들의 훌륭한 방송으로 사라예보를 구할 수 있을 것입니다."

시장 저널리즘의 저력을 이해하기 위해서는 한 미국 기자가 자신의 동료들에게 경제적으로 옳다고 언급한 다음과 같은 정

---

23) 로랑 조프랭의 1993년 6월 2일 프랑스 제2TV 방송에서의 대담 방송.

24) 라 칼프르네드(La Calprenède)의 소설 《클레오파트라 *Cléopâtre*》에 나오는 용감한 주인공의 이름. [역주]

25) 1994년 6월 1일자 《글로브 에브도 *Globe Hebdo*》지.

의로부터 출발하는 것으로 충분하다: "종합 경제는 시민들 대신 투자가들의 적극적인 참여가 요구되는 아주 비용이 많이 들고 섬세한 메커니즘이다."[26] 따라서 다른 일에 관심을 갖는 것이 더 낫다. 왜냐하면 기자들이 경제 전문가가 아니고, 수입 분배와 같은 주제 영역의 취재 권한에서 벗어나 있다는 것이 정확하게 특권 계급의 관심과 상응하기 때문에, 대논설위원들은 문제에 대한 개략적인 해설이 그 어떤 정규 노동을 필요로 하지 않는 끊임없이 제기되고 있는 '사회 문제,' 즉 매번 사회적 상황에서 찾을 수 있는 한정된 문제들인 가치관·폭력·가정·TV·인종 차별, 청소년에 관한 정치적 투쟁을 꿈꾼다. 만약 이 논설위원들이 이러한 문제에 여당인 '프랑스민주연합(UDF)' 당에 대한 또 다른 여당인 '공화국연합(RPR)' 당의 문제와 같은 일터에서 울려 퍼지는 메아리와 파비우스에 대한 조스팽의 경우처럼 서로 어울리지 않는 정객의 문제를 비롯하여 지칠 줄 모르는 기업의 문제를 추가한다면, 이들은 그러한 소재가 세계 시장에 대단한 정보를 제공하지 못하리라고 생각할 것이다. 하지만 이러한 소재는 우리들의 유명한 해설가의 티켓을 부양하는 데 충분하다. 시장이란 것이 나머지를 책임지지 않는 것인가?

정치인들은 이러한 민주주의의 환상, 이러한 한정된 절대 권위의 새로운 독트린에 동의하고 부차적인 문제에 자신들이 투쟁하는 것을 유보한다. 대통령 선거 당시 발라뒤르 정권이 요

---

26) 르위스 라팜(Lewis Lapham), 1997년 2월호 《하퍼스 *Harper's*》지의 '경제의 정확성(Economic Correctness).'

청하고 눈에 띄는 일부 인텔리겐치아가[27] 공동으로 사인한 바 있는 정책 보고서의 저자였던 알랭 맹크는 다음과 같이 약속의 땅에 도달했다고 믿었다. "나는 만약 캠페인이 자크 들로르와 에두아르 발라뒤르를 대립시키는 것이었다면, 캠페인이 어떻게 되었을까를 상상하는 것만으로 만족한다. 나는 사람들이 프랑스 사회를 이용하고, 정치인들이 마치 사람들이 꽃병에 물 주듯이 요구 사항에 물 뿌리는 것을 보고 있는 민중 선동의 이러한 놀랄 만한 충동을 피했을 것이라고 믿는다. 요컨대 한 나라의 생활이란 이상한 것이다: 사람들은 독일식의 중도——우파와 중도——좌파 사이의 아주 발전되고 복잡한 나라의 선거 캠페인에 더욱 호의적이다. 아울러 사람들은 정치가 모든 것을 지배하는 것보다 꿈·환상·감정과 같은 오래된 프랑스적 향성이 흠씬 배어 있는 캠페인을 더 원한다."[28] 이어서 《르 데바》지는 '알랭 맹크의 사고'라는 상세한 용어를 사용했고, 사상가이자 인류학자인 맹크는 다음과 같이 덧붙였다. "하지만 우리는 그런 식으로 추론할 수 있는 세상에서 유일한 사람들이다! 혹은 오히려 라틴 민족들만이 그런 식으로 행동할 수 있으리라! 당신(마르셀 고셰)[29]은 어떻게 가톨릭이 반이성에 이르렀는지를 나보다도 더 잘 알고 있을 것입니다."[30]

---

27) 기획위원, 《2000년의 프랑스 *La France de l'an 2000*》(오딜 자콥 출판사, 1994). '2000년의 프랑스의 사회·경제적 도전' 기획위원회의 위원으로는 클로드 베베아르(Claude Bebear)·장 브와소나(Jean Boissonnat)·미셸 봉(Michel Bon)·뤼크 페리(Luc Ferry)·장 폴 피투시·에드가 모랭(Edgar Morin)·르네 레몽(René Rémond)·피에르 로장발롱·루이 슈바이처(Louis Schweitzer)·레이몽 수비(Raymond Soubie)·알랭 투렌 등이 참여했다.

28) 1995년 4월 1일 엘세이 방송의 '도전' 프로그램.

1995년 "호랑이 굴에 들어가지 않고서는 새끼호랑이를 얻을 수 없다"라는 옛 속담을 들먹이며, 당시 라디오 프랑스의 뉴스 편집국장이었던 이방 르바이가 변덕스런 유권자의 대변인 역할을 맡았다. 이 역할을 수행하기 위해, 르바이는 구상중에 있던 '알랭 맹크의 사상'을 곧바로 차용했다. "나는 여기에서 유감을 표명하고자 하는데, 이 유감은 우유부단했던 사람들에게 해당될 것이다. 1993년 발라뒤르와 시라크가 함께 국회의원 선거에서 승리하였을 때, 사람들은 로카르·파비우스·들로르·바르·지스카르의 입후보를 예상했었다. 나는 이 5명이 후보 등록을 하지 않은 것을 유감스럽게 생각한다."[31] 여기에서 5명 각자는 공영 라디오 보도국장의 다양한 이데올로기적 선택을 경험할 수 있을 것이다. 요컨대 '당시의 5명'은 어느 정도 동일한 신자유 방향으로 프랑스의 경제 정책 방향을 설정하지 않았었던가? 또한 이들 모두가 단일 경제 시장, 걸프 전쟁, 마스트리히트 조약을 찬성하지 않았던가? 아울러 《렉스프레스》지의 운영을 신뢰했을 때, 크리스틴 오크랑 또한 다음과 같이 논설위원을 새로이 구성함으로써 프랑스식 복수 체제에 대한 영감을 소유한 사람임을 보여 줬다: "이때부터 지스카르 데스탱과 로카르가 이 잡지의 논설위원이라는 사실을 입증함으로써 논설위원들의 모임을 쇄신했다." 여하튼 그녀의 확

---

29) 프랑스의 철학자로 프랑스고등과학원에서 인식철학을 강의하고 있다. 《역사과학철학 *Philosophies des sciences historiques*》《민주주의에서의 종교 *Religion dans la démocratie*》 등의 저서가 있다. 〔역주〕

30) 1995년 5-8월 제85호 《르 데바》지의 마르셀 고셰와의 토론.

31) 1995년 4월 8일 프랑스 제2TV 방송 '미디어 비평.'

신에 찬 노력은 좋은 결과를 가져왔다.

1997년에 있었던 또 다른 선거. '데시되르(Décideurs: 결정권을 가진 사람들)'란 방송 프로에서 한 초청인사에게 장 마르크 실베스트르는 자신의 분한 감정을 드러냈다: "어떻게 당신은 프랑스에서 경제가 대중 토론과 당원에 의해 여전히 야유를 당하고 있다는 사실을 설명하시겠습니까? [···] 어떻게 경제가 어떠어떠한 정치적 주제를 지지하는 사람들에 의해 이용되어질 수 있습니까?"[32] 우리들의 사회처럼 평정한 사회에서 이러한 '야유'는 실제로 설명이 불가능하다. 마찬가지로 프랑스 제1TV 방송 기자인 장 피에르 페르노[33]는 완강한 적대자들이 다음과 같은 본질의 문제에서 서로 대적한다는 사실을 알고 있었다. "나를 가장 놀라게 한 것은 아를레트 라기예와 폴 루 슐리처[34]가 텔레비전 대담을 한다는 사실이었다. 이 두 사람은 서로의 수입원이 아주 달랐다. 무엇보다도 이 두 사람은 주일 동안 자신들의 자동차 유지비로 가장 많은 돈을 지출한다는 사실에 서로가 의견 일치를 보였다. 아를레트 라기예는 자신의 르노 5 자동차에, 반면 폴 루 슐리처는 자신의 롤스로이스 자동차에.[35] 방송이 끝날 무렵 이 둘은 거의 친구 사이가 되어 버

---

32) 1997년 5월 11일 엘세이 방송의 '데시되르' 프로그램.

33) 프랑스 제1TV 방송의 '13시 뉴스'를 진행하며, 프랑스 사람들이 가장 좋아하는 사회자 가운데 한 사람.〔역주〕

34) 아를레트 라기예: 노동자의 대모로 유럽의회의원. 1974년 대통령에 입후보한 최초의 여성으로 2.3퍼센트의 지지를 얻었다; 폴 루 슐리처: 프랑스의 작가 겸 재정 전문가로 《캐쉬 *Cash*》《행운 *Fortune*》 등의 저서가 있다.〔역주〕

35) 르노 5: 프랑스의 국민 보급형 소형 자동차의 이름; 롤스로이스: 부의 상징인 영국의 대표적인 고급 승용차.〔역주〕

렸다!"[36] 다음의 사실을 잘 이해해 보자. 즉 이 두 사람의 대담에 최소한의 유머러스한 비아냥거림이 없었는지를.

폴 니장은 60년 전에 다음과 같이 말했다: "미슐랭 씨는 자신이 없으면 죽게 될 노동자들에게 일거리를 제공할 목적으로만 타이어를 제조한다는 사실을 믿게끔 해야 했다."[37] 이후부터 특히 변한 것은 기자들이 미슐랭 씨처럼 말하고 있다는 사실이다. 사회 질서의 아첨꾼에 의한 경제란의 관념적인 식민지화에 대한 조사는 모해설가의 모분파나 모정파와의 위선적인 친교만큼이나 연구가 시작되지 않았다. 그런데 만약 이들, 즉 실베스트르·사시에(Sassier)·가리발(Garibal)·가이아르(Gaillard)·마니에르(Manière)·베이투(Beytout)·브리앙송(Briançon)·이즈라엘비크(Izraelewicz) 모두가 프랑스 제1, 2TV 방송·프랑스 앵테르·프랑스 앵포·유럽 1·에르테엘과 같은 라디오 방송이나 《리베라시옹》·《르 몽드》지와 같은 일간지를 통해 어느 정도 "선두를 달리는 챔피언의 정신적 안락을 보장하는 책임을 진 물 심부름꾼"[38]을 닮은 사람들이라면, 이들 각자가 발라뒤르파·시라크파·마들랭파·스트로스 칸파에 속하는지의 여부는 전혀 중요하지 않다.

하지만 많은 고집으로부터 실수가 생겨났다. 15년 전에 이들은 우리들에게 더 많은 이익이 더 많은 투자와 고용을 보장할 것이라고 속였다. 하물며 이들은 고객을 감동시키기 위해 이 제

---

36) 1995년 10월 25일자 《르 피가로》지.
37) 폴 니장, 《충견들》, 마스페로 출판사, 1976, p.61.
38) 앞에서 인용한 《일간지 기자들》(p.50)에서 알랭 아카르도(Alain Acardo)가 사용한 표현.

안에——사주에게는 천만다행스러운 일이었지만—— '슈미트
(Schmidt)의 정리' 라는 이름을 붙이기조차 했다. 오늘날 증권은
기업이 해고 계획(르노(Renault) · 물리넥스(Moulinex) · 엘렉트로뤽
스(Electrolux)와 같은 대기업에서)[39]을 발표하자마자 급등한다.
아울러 국가의 부의 분배가 주식 보유자들을 끊임없이 도와
주는 반면, 실업은 2배 이상 늘어났다.[40]

이들이 우리에게 세계가 '한 마을' 이 되었으며, 더 많은 수
출이 더 좋은 재정과 고용을 동시에 가져다 줄 것이라고 말한
지도 벌써 10년의 세월이 흘렀다. 새로운 발명이 '알베르의 정
리' 라는 이름으로 대중화되었다. 오늘날 프랑스의 무역 균형이
흑자를 끊임없이 기록하고 있는 반면, 우리의 재정은 우리들의
사회 상황만큼이나 '황폐화' 되었다. 수출한다는 것이 '경쟁력
있는' 임금을 요구하는 것인가? 하지만 국민 1인당 수출이 세
계 1위인 독일은 노동자들에게 지구상에서 가장 높은 임금을
지급하고 있다.

그 이후 얼마가 지나자 이들은 우리에게 케인스가 죽었기
때문에 경제 부흥이 인플레이션의 폭발, 즉 불로소득자들의 안
락사를 야기시키지 않는 한 현 인구의 6퍼센트에서 8퍼센트

---

39) 르노: 프랑스 제1의 국영 자동차 회사; 물리넥스 · 엘로트로뤽스: 전
기 · 전자제품 전문 생산 회사.〔역주〕

40) 15년 동안 프랑스 내수 생산품에서 봉급의 과세 비율은 68.8퍼센트에
서 59.9퍼센트로 떨어졌다. 최근 10년 이후 기업들은 최초로 흑자를 기록했
다(1996년 1천3백47억 프랑). 재정경제부 장관인 도미니크 스트로스 '칸은 당
시 프랑스 실업의 일부 원인은 "기업들이 눈부신 성장 혜택을 보기 위하여 봉
급생활자들에게 너무 불리한 부가가치를 분배한 것에 있다"(1997년 7월 21일
기자 회견)고 평가했다.

사이로 평가되는 '줄일 수 없는 비율' 이하의 실업 수위에 결코 영향을 미치지 않을 것이라는 사실을 알려 주었다. 오늘날 이와 같은 말을 했던 '전문가들은' '미국식 모델' 앞에서 황홀해한다: 지속적인 성장, 5퍼센트의 실업(공식적)과 인플레이션의 부재.

많은 시평들이 증권과 이익·경제 사이의 견고한 관계를 설정했다. 오늘날 증권의 성장은 이익의 증가보다 더 빠르며, 이익의 증가는 경제 성장보다 더 빠르다. 아서 레이퍼[41]를 거쳐 알랭 마들랭[42]과 자크 아탈리[43]·프랑수아 미테랑 이후 빠르게 신자유 사상으로 무장한 위협적인 기자단까지 우리들에게 저축 징수세의 감소가 엄청난 투자 급등을 야기할 것이라고 누누이 강조해 왔으며, 경제 활동의 즉각적인 재개는 그동안 국가가 위태롭게 한 계좌들을 곧바로 원상 복구시켜 줄 것이라고 장담했었다. 그런데 오늘날에도 이들의 거듭된 정책 실수의 선전에 일생을 바쳐 온 동일한 시평을 쓰고 있는 경제 전문 해설가들이 계속하여 세계 시장의 현황을 우리들에게 설명해 주고 있다.

프랑스 제1TV 방송의 경제 이데올로기를 분석하면서, 피에

---

41) 레이건 미 행정부의 경제 특보를 지낸 경제학자. (역주)

42) 변호사 출신의 8선 의원 및 유럽의회의원으로 산업부 장관과 재경부 장관을 지낸 인물. (역주)

43) 파리정치학교(IEP), 에콜 폴리테크니크(파리이공과대학), 국립행정학교(ENA)를 졸업한 경제학 박사 출신의 작가 겸 에세이스트로 현존하는 프랑스의 석학이자 대표적인 지성인. 《유대인들, 세계와 돈 *Les Juifs, Le Monde et l'argent*》 《정치 모델 *Modèles politiques*》 《영원한 삶 *La vie éternelle*》 《1492》를 비롯하여 30여 권의 저서가 있다. (역주)

르 페앙과 크리스토프 니크는 다음과 같이 썼다. "사회적인 탐방 기사의 대상은 바로 무역학교, 경제, 증권, 재정, 프랑스투자신탁회사(SICAV)에의 투자 […] 등이다. 고용의 문제가 있다면, 이것은 고용을 하려는 고용주에게 너무나 어렵기 때문이다. 기업 세계는 봉급생활자들의 세계가 아니다. 기업가 세계는 무엇보다도 노력을 유효로 인정하는 것이며, 이것이 기업가의 초상화이다. 왜냐하면 바로 이들이 투자를 활성화시키려는 사람들이기 때문이다."[44] 이와 같은 요약은 우리들의 일간지의 조건을 너무나 잘 상징하고 있기에, 부이그사의 방송국인 프랑스 제1TV 방송에만 한정하여 적용시킬 수 없다.

은밀히 찬동하는 한 TV의 사회자는 다음과 같은 질문을 던진다: "알랭 마들랭 씨, 오늘날의 불행은 재정의 불행입니다. 왜냐하면 세금이 지나치게 높기 때문입니다. 그렇다면 당신은 무엇을 했습니까?"[45] 하지만 로베르 위가 피에르 쉬아르가 "시간당 스미그[46]를 번다"는 사실에 분개했을 때, 다른 기자는 다음과 같이 또 다른 관점에서 위를 훈계했다: "혹시 돈을 너무 많이 버는 사장들을 비난하는 사실은 시대에 뒤떨어진 방식이 아닙니까?"[47] 이에 대한 '처리'는 상이했으며, 논쟁 또한 불균형을 이뤘다. 물론 프랑스 제1TV 방송과 이 방송의 질문자였던 장 클로드 나르시·클레르 샤잘은 결코 좌파로 분류되지 않

---

44) 피에르 페앙과 크리스토프 니크의 앞의 책, p.578.
45) 1996년 2월 24일 프랑스 제1TV 방송 밤 8시 뉴스.
46) '스미그(SMIC)'란 프랑스의 최저임금을 가리키며, 1995년 현재 우리 돈으로 약 1백30만 원 정도.〔역주〕
47) 1995년 3월 19일 프랑스 제1TV 방송 밤 8시 뉴스.

았다. 세번째 기자는 아를레트 라기예에게 다음과 같은 질문을 던졌다: "사장을 죽이고 있는 당신."[48] 이번 질의자인 프랑스 제2TV 방송 기자인 프랑수아 앙리 드 비리외는 우파에 속하지 않았다. 따라서 프랑수아 앙리 드 비리외가 아를레트 라기예와 대담하듯이 장 클로드 나르시와 클레르 샤잘이 알랭 마들랭과 대담하던 날, 프랑스기자협회(CNPF)의 총아에게 질문을 하던 이들이 "봉급생활자들을 죽이고 있는 당신"이라는 화두로 자신들의 질문을 시작했을 때, 아마도 사태가 변하기 시작했을 것이다.

끈기라는 장점으로, 일의 질서를 끊임없이 노래하는 기자들은 사람들이 자신들의 용기를 축하해 주기를 바란다. 따라서 반사회적인 낡은 상투적인 언사 가운데 하나를 시로 읊으면서——"……노동 시장을 마비시키는 준엄함과 또 다른 통제에 도전하고, 고용의 활기가 또한 '작은 일'로 통한다는 시선을 잃지 않으면서, 젊은이의 고용을 차단하는 최저임금제와 같은 터부를 공격한다"——프란츠 올리비에 지스베르는 다음과 같이 말하는 것이 옳다고 믿고 있었다: "흐르는 시간에 편승하여 말하는 것이 좋지 않다는 것은 일의 속성이다. '이미 설정된 질서'의 영광을 축하하도록 요청되었다. 고통에 무감각한 보수주의자들은 일에 두려움이 없다: 그런데 이것은 변한다." '이미 설정된 질서'와 '아주 사려 깊은 보수주의자들'에 대한 풍자의 익살극은, 이러한 풍자가 《피가로 마가진》[49]에 게재되었을 때 폭발한다. 하지만 무엇보다도 바르 씨와 같은 정치인은 사

---

48) 1995년 3월 12일 프랑스 제2TV 방송의 '진실의 시간' 프로그램.

주들의 직원 봉급에 대한 단호함을 찬양하면서, 또한 실업자들의 게으름에 오명을 뒤집어씌우면서 솔직하고 대담하게 자신의 모든 평판을 미디어에 잘 구축해 놓은 사람이다.

지난해 다보스경제회의처럼 현 리옹 시장이 좋아하는 회의에서 돌아온 오크랑은, 자신의 의견이 반체제 인사의 입장임을 표명하면서 지도층의 썩어빠진 사고를 다음과 같이 반복하여 언급했다. "프랑스에서는 요즈음 주변의 페시미즘의 흐름을 거슬러 올라갈 권리가 없다. '프랑스적 예외'를 보호하는 방패막이로 추위를 잘 타는 우리들을 보호하는 정신의 마지노 선을 고발할 권리가 없다. 우리들을 관심으로부터 점점 멀어지게 하고, 우리들의 조절 능력을 하찮게 생각하는 대변혁으로 가득 찬 세상에 눈을 뜰 권리가 없다. 이것이 어째서 매년 다보스의 길을 따라가고, 다양함과 항변 속에서 회의가 진행되는 그곳에서 세상을 개혁하는 데 공헌하는 모든 사람들의 이야기를 경청하는 것이 옳은 일인지의 이유가 된다."[50] 다보스 회의에 참여하는 사람들은 '아주 다양한 인구 분포'를 보인다. 또한 이 회의에서는 '이 세상을 개혁하는 데' 공헌하는 3백58명이나 되는 억만장자 중의 일부를 '매년' 재회할 수 있으며,

---

49) '사회적으로 부정하다,' 1997년 3월 15일자 《르 피가로 마가진》지의 사설. 프란츠 올리비에 지스베르는 《르 주르날 뒤 디망쉬 *Le journal du dimanche*(일요 신문)》의 편집국장인 알랭 주네스타르(Alain Genestar)의 책에 대한 서평에서, "끊임없이 우리들의 면전에 쏟아붓고 있는 대부분의 미디어들이 서로 담합한 형식의 기사와는 전혀 다른 독창적인 사고로 가득 찬 책"(1995년 4월 14일자 《르 피가로》지)이라고 평하였다.

50) 1996년 2월 28일자의 《렉스프레스》지 사설, '세계화의 찬사(Eloge de globalisation).'

이들은 세계 인구의 절반에 가까운 사람들의 재산 이상을 소유한 부자들이다. 하지만 이러한 얘기를 《렉스프레스》지에 기고하면서, 이어서 라디오 방송(유럽 1방송과 베에프엠(BFM) 방송[51])에서 부연 설명하면서, 또한 이 방송 내용을 프랑스 제3TV 방송의 세르주 쥘리와 필립 알렉상드르 앞에서 반복하기 이전에, 확실히 오크랑은 자신이 정치를 하지 않을 것임을 진지하게 생각했던 것이다. 게다가 오크랑은 자신이 "항상 다양한 공산주의의 형태로 인해, 공산주의에 대하여 마음속 깊이 간직한 혐오를 느꼈다"고[52] 인정했을 때, 자신이 그토록 뜨거운 열정으로 연마해 온 객관성이라는 '미국식' 명성을 위태롭게 했다고 한순간 상상했다.

신자유주의에 대해 그 어떤 불쾌함을 느낀다고 해도 여전히 기자가 될 수 있을까? 한 노조 지도자 앞에서 기욤 뒤랑은 현학자가 되고자 했다: "자본주의는 현재 베를린 장벽이 더 이상 존재하지 않기 때문에 금융 시장을 고려해야 한다."[53] 5일이 지난 후, 프랑스 제1TV 방송의 '세트 쉬르 세트' 프로그램은 벌써 다음과 같은 단계를 실험하고 있었다: "봉급생활자들에게 양보한다는 것은 어려운 일이다: 금융 시장은 프랑스의 가장 취약한 단점을 노리고 있다."[54] 그들(봉급생활자)의 임금을 협상하는 순간에 고용주들의 불확실한 '약점'이 음극경제 교수들을 덜 분개시켰다. 프랑스 제1TV 방송이 주최한 토론에서,

---

51) 경제 및 증권을 전문으로 하는 프랑스 라디오 방송.〔역주〕
52) 크리스틴, 오크랑, 《마음의 회고》, p.303.
53) 1995년 10월 10일 엘세이 방송.
54) 1995년 10월 15일 '세트 쉬르 세트' 프로그램.

한 젊은 참가자는 임금을 항상 삭감하는 대신에 사람들이 어째서 "예컨대 매월 10만 프랑 이상과 같이" 가장 높게 책정된 임금으로 동결하도록 강요하지 못하는지를 물었다. 토론에 참석했던 장관은 그의 질문을 좀더 상세하게 해줄 것을 요청했다. 이러한 제안으로 직접적인 위협을 느낀 파트릭 푸아브르 다르보르는 신속하게 다음과 같이 덧붙였다. "미안하지만 저는 질문자가 제기한 그 질문의 의미를 잘 이해하지 못하겠습니다."

우리는 다음과 같은 반박을 알고 있다. 즉 "편협한 사고가 아니라 편협하게 된 것이 바로 현실"이라는 것을. 따라서 대응책은 '회고'를 꿈꾸는 사람들에게 프랑스 대혁명 이전에 절대 왕정과 권위에 항거한 일부 백과전서파들과 신문 편집이 있었다는 사실을 기억하게끔 해준다. 당시에 그들은 단지 불가역성을 전복시키기를 원했다. 그리고 그들은 그 목적에 도달했다. 사회주의적 사고와 노조의 투쟁에 대해 말하자면, 이것들은 대략 공산주의 혁명을 선행한다. 어째서 이러한 사회주의적 사고와 노조의 투쟁이 "현재 더 이상 베를린 장벽이 존재하지 않는다"라는 사실에 침묵해야만 하는가? 이러한 질문들은 제기되지 않을 것이다. 이제부터는 적응해야 한다.

이 점에 대한 진상을 밝히는 대담이 2년 전 프랑스 앵테르 방송에서 방송되었다. 미셸 가리발[55]은 종종——주고받기에서 그러는 것처럼——주변에서 전통적인 방식으로 사용되어 온

---

55) 프랑스 앵테르 방송의 경제부 기자 겸 프랑스 경제부기자협회 부회장. 〔역주〕

두 개의 작은 수단 '오늘'과 '따라서'를 이용한다. 그런데 이 수단은 너무나 평범해서 틀림없이 이 단어의 사용을 의식할 수 없었다: '오늘'——사람들이 사회주의의 옛스런 표현인 '어제'와 구별하는 자유스런 현대성의 표시인——과 논리적 관계없이 관념적인 것과는 별개인 두 절 사이에서 두 절을 연결하는 '따라서.'

청취자의 질문: "나는 1995년 12월 19일자 《뤼마니테》지를 샀습니다. 금융의 권력에 대한 문제를 제기한 기사가 실렸습니다. 그런데 프랑스 앵테르 방송에서는 이 문제에 대하여 아무런 언급도 하지 않았습니다. 우리가 받고 있는 인상은(우리가 당신네 방송을 청취할 때) 바로 이런 것입니다: 더 이상 할 일이 아무것도 없습니다."

미셸 가리발: "청취자 여러분도 오늘날 경제학을 전공하는 대학생들을 알고 계실 것입니다. 아울러 경제학을 전공하는 대학생들의 숫자가 점점 더 많아지고, 이 학생들은 자신들의 재량에 따라 모든 시대와 모든 나라의 모든 독트린을 갖게 됩니다. 이러한 경제 분야에서 아주 뛰어난 교육 기관도 존재합니다. 하지만 우리들, 우리들은 많은 일을 확인합니다. 서로 함께하고, 아주 서로가 달랐던 체계들이 존재했던 시대가 있었습니다. 오늘날 《뤼마니테》지조차도 공산주의 체계가 사라졌다는 사실을 인정합니다. 따라서 우리들이 세계화된 경제를 갖고 있는 바로 이 순간에 지배적인 체계는 바로 시장 경제라는 체계입니다. 오늘날 사람들은 매일 여러분들에게 말합니다. 말하자면 세계는 하나의 마을입니다. 하지만 이것은 사실입니다! 따라서 당신이 원하신다면, 오늘 다른 사람과 게임을 하고자

하면 모두에게 공통된 게임 규칙을 적용해야 합니다.[56] 이것은 당신이 자신의 내부에서 이 규칙을 승인해야 한다는 사실을 의미하는 것은 아닙니다."

청취자는 정확하게 이해된 '따라서'란 단어의 의미를 이해하게 되었다. 바로 이런 것이다! 해야 할 일이 아무것도 없다! 엄격히 말하자면, 신음소리를 내지만 속으로 내는 소리였다.

따라서 단어 하나하나를 항해해 보려고 노력하라. '현대성'? 자유-교환, 통화 강세, 변조, 민영화, ……자유-교환의 '유럽,' 통화 강세의 '유럽,' 민영화의 '유럽.' '고어적 표현'? 국가-신뢰도, 아주 단순히 국가(군대 · 경찰 · 감옥에 관계될 때는 예외), 노조들(직종별 이해 관계를 옹호하는), 공공 부분('독점'), 민중('포퓔리슴'으로 시도되는). 언론에서, 그리고 방송에서 항해를 해보라. 그러면 이러한 정의를 다시 찾을 수 있을 것이다. 당신은 민영화와 무역 규정의 위반을 장려하는 이데올로기를 다시 발견할 수 있을 것이고, 임금이 낮은 지역에서 일을 자유롭게 찾으려는 북부 지역의 사업주들을 방해하는 '규정에 의한 속박'을 무시하는 것을 확인할 수 있다. 아울러 "만약 당신이 원한다면, 오늘 다른 사람과 게임을 하라." 이 모든 것을 당신은 수용할 것이다.

미디어의 전통성이 조금이라도 자기의 목적에 도달하기 위

---

56) 마스트리히트 조약의 신임을 물었던 국민 투표 당시, 장 마르크 실베스트르는 다른 나라들의 게임 규칙에 보조를 맞추는 일에 뒤늦게 참여한 프랑스의 의무를 암시하는 동일한 논증 형태를 이용했다: "유럽의 식탁에서 저녁 식사를 하기 위해서는, 이 테이블에 자리를 잡는 법을 알아야 하며, 손가락으로 식사를 해서는 안 된다." 앞의 책 《마스트리히트 조약의 우스꽝스런 이야기》, p.63.

해서는, 미디어적 전통성은 수단에 유연해야 한다. 또한 유럽과 시장에서 유연해야 한다. 때로는 유럽과 브뤼셀의 정치경쟁위원회(위원회의 경쟁 정치)란 이름으로 공공 서비스의 민영화를 요구해야 할 것이다. 이것이 바로 현재 프랑스 텔레콤의 경우이며, 그 후속은 프랑스전기공사(EDF)가 될 것이다. 때로는 무질서한 자본주의를 저지해야 한다고 주장하면서 더 많은 유럽을 요구하는 것이 더 재주 있는 일일 것이다. 알랭 뒤아멜은 이런 점에서 좋은 바로미터에 속하는 인물이다. 1993-1994년에 뒤아멜은 바르에게 충실했었던 발라뒤르 신봉자이기도 했다. 하지만 자신이 스스로 비난하고 나섰던 1995년 11-12월 사회 운동이 끝난 바로 뒤——뒤아멜은 며칠 동안 "완전한 자유주의의 거부"에서 마음의 동요를 일으켰다. 말하자면 "유럽은 시장의 독재자에 대항하여 가장 훌륭한 혁대를 만들었다. […] 수많은 프랑스의 시위대가 거부하는 것, 종종 수백만의 의연한 이용객들이 항의하는 것은 자유주의 교리의 폭정, 시장의 독재이다. […] 프랑스인들은 체계의 변조, 맹렬한 민영화, 국가-신뢰도의 해체, 사회 모델의 다이너마이트에 의한 폭발에 대한 그 어떤 욕망도 갖고 있지 않다."[57] 우리들은 다음과 같은 사실을 잘 이해한다: 이러한 상황 판단 속에서 다른 상황은 약화될 것이며, 뒤아멜의 핵심은 항상 형용사의 사용 기준에서 드러난다. 만약 자유주의 교리가 '압제적인' 것이 되는 것을 멈추고, 시장이 '독재적인' 것이 되는 것을 멈춘다면, 만약 변조가 부분적으로 그 흔적을 남긴다면 계획된 민영화, 축소된 국

----

57) 1995년 12월 22일자 《리베라시옹》지.

가-신뢰도와 제한된 사회 모델, 이 모두는 중용의 질서를 되찾을 것이다. 그리고 이러한 노정의 끝에서 시장과 유럽 시장은 그렇지만 발전할 것이다.

아주 유사하게 경제를 우선적으로 여기는 우파와 좌파의 이데올로기적 합류는 많은 기자들이 선택한 방향 설정을 아주 쉽게 해준다. 지도층의 선택에 동반하려는 의지, 즉 기자들이 소재 선택에 '뒤늦게 뛰어든' 것을 뉘우치는 것만큼 신속하게 단체로 행동하려는 의지는 '권력 견제'의 확립으로 대체된다. 대부분의 경제·금융 분석의 신자유주의적 방향 설정에 관한 질문에서 《르 몽드》지는 다음과 같이 설명한다: "우리가 경제-세계에 적응하는 것이 필요하며, 우리는 뒤늦게 그렇게 했다. 여전히 우리들을 전문화시키고, 우리에게 빛을 보게 해주는 일은 관념적·초월적 해석을 선동한다. 관념은 오히려 비평하는 사람들의 향수에 찬 눈길에 있다."[58] 그리고 《르 몽드》지의 '시퀀스'란 지면을 담당하는 편집국장인 에디 플르넬[59]은 다음과 같이 말했다: "'기업'에 관해서 선택은 분명하다. 즉 우리들을 종종 불리한 조건에 빠지게 하는 돈의 세계에서 복잡하지 않고 혼동되거나 위선적인 것과 거리가 먼 미시경제, 시장과 금융이다."[60]

하지만 경제적 소재에서 향수와 위선을 거부하는 것은, 때

---

58) 1997년 4월 28일자 《마리안 *Marianne*》지.

59) 정치 전문 기자 겸 작가로 《르 몽드》지의 편집국장. 저서로는 《세상의 발견 *La Découverte du monde*》 《청춘의 비밀 *Secrets de jeunesse*》 등이 있다. 〔역주〕

60) 1996년 5월호 《르 데바》지.

묻지 않은 비평 정신으로 나머지 시사 문제를 취급하는 매체 편집의 일관성의 문제를 아주 빨리 제기한다. 왜냐하면 어떻게 우리가 미리 또는 동시에 '국민전선(Front National)'[61]당을 싹트게 한 무역·통화 및 금융의 대선택을 보증할 때, 국민전선당이 마음의 양식으로 삼고 있는 불평등의 천착, 집단적인 파괴 현상과 개인적인 굴곡의 상승을 법정에 끌어낼 수 있느냐가 문제되기 때문이다. 특히 만약에 매일 사람들이 경제 분야의 성장 우위를 설명한다면. 반박은 우파 지향적인 미디어에 있어 아주 다르게 제기될 수밖에 없다. 하지만 좌파 지향적인 미디어들은 경제적 공포의 커다란 규범을 합법화한 후 사회적 우애로부터 위협받는 소규모 결투를 찬양할 수밖에 없는 궁지에 몰린다.

장 클로드 기유보[62]는 다음과 같이 이러한 사실을 잘 설명하고 있다: "우리들의 불안은 우리들의 특권과 순진하게 혼동되고 있다는 점이다." 하지만 돈에 대해서 말하는 것은 무례한 것으로 판단되었고, 돈이 제공된 일과 관련시키는 것 또한 부적당한 것이며, 수입 수준과 사고의 축적 지식 사이의 가능한 관계를 찾는다는 것은 인신 공격에 속한다. 하지만 베르나르

---

61) 프랑스의 극우파 정당으로 장 마리 르펜(Jean-Marie Le Pen)이 당수이며, 지난 대선에서 시라크와 제1차 투표에서 대전할 정도로 인기를 얻었다. 그동안의 사회당 정부가 펼쳐 온 여러 가지 정책의 실패, 예컨대 외국인 문제, 사회 보장 제도 등의 폐해의 극복과 강한 프랑스의 건설이란 캠페인이 프랑스인들의 지지를 얻어냈다고 볼 수 있다. 〔역주〕

62) 《르 누벨 옵세르바퇴르》지의 대기자로 《광명의 배반 *Trahisons des Lumières*》《세상의 재구성 *Refondation du monde*》《인간성의 원칙 *Principe de l'humanité*》 등의 저서가 있다. 〔역주〕

쿠쉬네르에게 다음과 같이 질문을 던지는 클레르 샤잘이 어떻게 매달 기자들의 12만 프랑의 돈에 대해 생각하지 않을 수 있을까? "당신이 사회 보장에 대해 말하였기 때문에, 프랑스가 더 이상 허가해서는 안 되는 특권이 있다고 사람들이 말하고 있는데, 당신은 이 말에 찬성하지 않으십니까?" 어느 날, 《르 누벨 옵세르바퇴르》지는 프랑스 제1TV 방송국에는 연간 2백80만 프랑(제라르 카레루[63])에서 7백30만 프랑(파트리크 르레), 6백만 프랑(파트리크 푸아브르 다르보르)에 이르는 고액 연봉자가 6명이나 있다는 사실을 폭로했다.[64] 그런데 좀더 경쟁력이 있어야 한다는 공통의 필요성에 의해 끊임없이 시달림을 당해 온 세계화된 경제 구도에서, 지구상의 어디선가 제라르 카레루처럼 정치 비평에 재능이 있는 훨씬 저렴한 임금의 프랑스어를 구사하는 기자를 찾을 수 없을까?

공격이 너무나 격렬하여 '민중주의 작가' 의 냄새가 난다고 분개하기 전에, 이 공격이 자신들의 생활이 이들 동료들의 생활과 더 이상 같지 않은 여러 회사를 대신하는 직업 세계의 반만을 겨냥하고 있다는 사실을 이해하자. 1996년 프랑스 제2TV 방송 쇼 진행자의 '계약건' 이 진행될 때, 이 방송의 기자인 에브 메테는 당시 상황을 다음과 같이 기술하였다. "나는 수많은 왈츠곡을 볼 수 있지만, 사람들을 정식으로 고용하지 않는 임시 계약직 사원을 또한 볼 수 있으며, 금고를 비웠다고 우리들

---

63) 프랑스 제1TV 정치부 전문 기자, 모스크바 · 워싱턴 특파원을 거쳐 위성방송인 오디세이(Odysée) 방송국의 사장으로 일하고 있다. 〔역주〕
64) 1995년 11월 16일자 《르 누벨 옵세르바퇴르》지.

을 비난하고, 돈이 없다는 이유로 취재를 위한 하루 저녁의 호텔 유숙을 거절하는 부서의 장들을 볼 수 있다. 얼마나 경멸스런 일인가?"[65]

크리스틴 오크랑은 항상 더 많은 평등과 더 많은 권위로 이뤄진 기자란 직업의 이러한 열망을 이해하지 못했던 것으로 보인다. 1988년 9월 프랑스 제2TV 방송에서 자신의 봉급의 공표가 불러일으킨 '스캔들'을 환기시키면서(월 12만 프랑[66]) 오크랑은 실제로 기분이 상했다. 아울러 그녀는 다음과 같은 항변을 꾸며냈다. 즉 나의 봉급은 예전보다 못한 것이다. 왜냐하면 봉급은 이제 하나의 게임이 되었다. 나의 봉급은 다른 회사보다 못하다. 그녀의 말을 인용해 보자. "문제가 되었던 나의 봉급, 곧 '프랑스 제1TV 방송에서 받는 내 봉급은 전체 봉급 생활자의 중간 평균 이하에' 해당된다. 요컨대 '오디오 비주얼은 시장이 되어 버렸고, 공공 서비스 분야에서는 필요하다고 평가되는 많은 사람들에게 다른 사람들보다 더 많은 봉급을 지급하고 있다.' '역사의 자료를 달러로 표현했고, 이 자료를 미국의 텔레비전 풍속의 척도로 판단하는 미국의 기자들에게는' '빈정거리는 것, 비웃는 것' 처럼 보일 것이다: 따라서 나

---

65) 1996년 6월 5일자 《텔레라마》지.

66) 당시 프랑스 제2TV 방송의 한 기자는 다음과 같이 응답했다: "지금 현재 3개의 편집국이 존재한다: 스타급 편집국(매월 12만 프랑의 봉급을 받는 크리스틴 오크랑, 10만 프랑의 레메르지(Leymergie), 6만 프랑의 사니에(Sannier)); 일반 기자들로 이뤄진 편집국(대부분이 1만 4천 프랑에서 2만 프랑 사이의 봉급 생활자); 마지막으로 원고 행수에 따라 원고료를 받는 기자들이나 조역으로 이뤄진 편집국(일당 5백65프랑). 1988년 9월 14일자 《르 몽드》지. (참고: 당시 1프랑은 약 1백50원 정도.)

는 다음과 같은 장르의 《뉴욕 타임스》에 실렸던 기사를 인용하고자 한다. '하찮은 봉급 때문에 프랑스를 삐걱거리게 하는 스타.'"[67]

하찮다고? 직업이 불안정으로 인해 부패될 때 보수는 잘 지급되지 않고, 기자란 직업 연수는 더 이상 미래가 없지 않는가? 물론 그렇다. 기자란 직업 세계의 한 거물급 기자에게 있어 무엇보다도 '경쟁'은 세상에서 가장 높은 보수를 요구할 권리를 제공하기 때문이다. 하지만 마르탱 부이그 방송사에서 기욤 뒤랑과 같이 봉급을 받는 한 기자는 자신이 노조의 간부에게 질문을 하자마자 관점을 바꿨다. "당신은 임금 시장이 세계화되었다는 사실을 알고 있다. 봉급이 인상될 때, 사회적 분담금이 너무 중요한 것으로 남을 때, 사업주가 이민을 가는 순간이 있습니다. […] 당신은 기업들이 프랑스 사람들의 비용과 한국 사람들의 비용을 비교하는 것을 방해할 수 없습니다." 따라서 이들의 세계는 단순하다. 즉 한쪽에서는 "사람들이 필요하고," 다른 한쪽에서는 "임금이 필요하다." 사측에서는 모든 것이 허락되었지만, 노측에서는 모든 것이 수정되었다. 요컨대 그 어떤 장관의 충고나 주주의 주문이 필요치 않다. 이러한 형태의 물질적·지적 세계에서는 시장의 사고가 조용한 강물이 흘러가듯 흘러간다.

그리고 이때부터 정보 소재의 참고 기준이 미국식이므로, 왜 어느곳으로 정보가 이르는지 알지 못한다. 미국에서는 최소한 일부 스타급 기자들의 제왕 같은 수입금과 지도 계급층의 관

---

67) 크리스틴 오크랑, 앞의 책, pp.220-224.

념론에 대한 이들의 신념 사이의 관계는 스캔들처럼 보이지
않는다. 미국에서는 그 어느 누구도 현재 미국의 3대 뉴스 방
송사 가운데 하나인 미국 '유에스 뉴스 앤드 월드 리포트(US
News and World Report)'사의 편집국장인 제임스 팔로우스의
다음과 같은 의견을 무례하다고 판단하지 않는다. 즉 "경제 문
제에 관해(세금, 사회 보장, 무역 정책, 손실 부분에 대한 투쟁,
노조에 대한 태도), 명성 있는 기자들의 의견은 자신들의 봉급
이 인상됨에 따라 한층 더 보수주의자가 되었다."[68]

베테랑 기자이며 《워싱턴 포스트》지의 전 조정위원이었던
리처드 하우드는 미국에서의 직업의 변모를 다음과 같이 설명
한다. "옛날에는 우리가 보통 사람들의 존재를 기술하지 않았
다. 말하자면 우리도 그들의 일부였다. 우리는 그들과 같은 구
역에 살았다. 리포터들은 자신들을 노동자 계급의 일원으로 인
식하고 있었다. [⋯] 이어서 더 많은 교육을 받은 사람들이 기
자가 되었다. 봉급은 인상되었다; 항상 더 많은 훈련을 받은
젊은이들이 기자란 직업에 통합되기를 원했다. 예전에는 리포
터들이 자신들의 이웃 지역에 살고 있는 사람들, 예컨대 노동
자들보다 약간 높은 생활 수준을 유지했다. 1980년대부터 리
포터들은 자신들의 이웃 지역 사람들, 예컨대 변호사나 사장
들보다 약간 밑도는 생활 수준을 갖게 되었다. 그런데 10만 달
러 이상의 연봉을 받는 수많은 사람들은 대중이 저널리즘을 만

---

68) 제임스 팔로우스(James Fallows), 《속보. 어떻게 미디어가 미국 민주주의
를 훼손하는가? *Breaking News. How the Media undermine the american De-
mocracy*》, 판테온 출판사, 1996, p.49.

들고 있다는 이미지를 조각하고 있다. […] 그들의 일상 생활은 최저임금을 받는 노동자의 운명보다 특권층의 문제에 훨씬 더 민감하게 만들어 준다."[69] 프랑스에서는 이러한 종류의 비판은 약간 통속적인 것으로 판단될 것이다. 특히 가장 많은 봉급을 받는 일부 직종에 종사하는 사람들에 의해서.

아울러 기타의 나머지 것은 거의가 잉여적이다. 매일 10명분의 한 달 최저임금(SMIC)을 입금하는 덕택으로, 말하자면 이러한 번성 속에서도 금지 사항을 위반하도록 하는 '사내의 가사'——물론 언론의 단체협약에 기록된 금지 사항이지만——"기자라는 직업을 떠나 한 기업이나 한 상품이나 생필품의 광고에 고용되기 위해 자신의 직업에서 얻은 명성을 이용하는 것을" 금지한 규정을 위반하는 일 등은 모두가 잉여적이다. 또한 미디어 책임자들의 비위를 맞추고[70] 승인하는 광고와 후원 또한 잉여적이다. 예컨대 신문을 두 번 팔게 하는, 즉 하나는 광고주에게 다른 하나는 독자에게 팔게 하는 광고나 후원자; 이미 행복과 상품 사이의 결합을 끊임없이 전달하는 광고나 후원자; 각 주간지의 목차와 금지된 영역으로 한정하게 될 광고와 후원자.

1995년 11-12월, 모든 것이 다음과 같이 동시에 표현되었다. 권력에 대한 지지, 돈의 오만함, 민중의 경멸, 유산 계급을

---

69) 제임스 팔로우스, 앞의 책, pp.75-83.

70) 일부 언론에서 프랑스 텔레콤의 빠른 민영화를 자극하였다면, 민영화는 프랑스 텔레콤의 구매를 호소하는 광고 캠페인, 즉 여러 언론사에 2억 프랑의 수익을 올리게 할 수 있는 (민영화) 캠페인이 마찬가지로 선행되었어야 하는 것인가?

위한 사상의 끊임없는 노력이 바로 그것이다. 민중의 대폭발은 또한 다음과 같은 유용성을 갖는다. 따라서 이 민중의 폭발은 미디어들이 우리들에게 그동안 과해 온 이데올로기적인 조작의 힘과 이 조작의 실패 가능성을 드러냈다. 쥐페 법안에 대항한 투쟁 운동이 일어났을 때, 거의 모두가 만장일치의 의견을 보였던 우리들의 위대한 논설위원들은[71] 실제로 수많은 봉급생활자들이 파업에 참여하고, 수백만의 시민들이 데모를 하고, 대다수의 프랑스인들이 이 투쟁 운동을 지지하는 것을 방해하지 않았다. 그렇지만 만약에 우리의 연극과 같은 사회의 견고한 법이 있는 그대로 드러나기 위해서 이와 같은 중요한 기회가 필요하다면——다양한 목소리와 제목은 논평의 복수 체계를 결코 유도하지 못한다는 사실——이에 대한 진실과 분석들이 일상적으로 우리들의 둔해진 사고의 침묵 속에서 얼마나 많은 작은 폭력들을 감수해야 할까?

미디어의 측면에서 보자면, 연극은 5막으로 진행되었다. 제1막은 도입부로 거의 모든 일간지·주간지·라디오 및 **TV** 방송국에게 알랭 쥐페 법안을 소개하고, 찬성의 지지를 표명하도록 할 것이다. 논설위원들은 초기의 적대적인 봉급생활자들이나 여론의 반작용을 수상이 극복할 수 있도록 요청하기에 이른다(제2막). 그리고 그 대가로 폭풍우 앞에서 수상의 '용기'——니콜 노타[72]의 용기——에 대한 찬사로 수상을 안심시킨다. 이어서 운동에 대한 계속되는 보도와 이들의 때묻지 않은

---

71) 12월 14일자 《르 누벨 옵세르바퇴르》지에 의해 발간된 '입소-오피니옹 (Ipsos-Opinion)'의 여론 조사에 따르면 미디어의 60퍼센트가 쥐페 법안을 찬성했으며, 6퍼센트만이 부정적인 의견을 제시했다.

인기가 우리들의 위대한 해설가들에게 프랑스 사람들이 시장 원리와는 달리 현실을 이해할 능력을 선천적으로 갖고 있는지를 자문하게끔 부추긴다. 바로 이것이 '비합리'의 주제이다; 이것이 제3막의 내용이 될 것이며, 예상에도 불구하고──그리고 이 점에 관해 전개된 노력에도 불구하고──파업에서 기인한 일상의 어려움은 정부나 사업주의 계획을 이롭게 하는 집단적인 반작용을 일으키지 않을 것임을 설명한다.

반노조의 투쟁이 실제로 효과가 없게 되고, 시장의 저널리즘은 속도를 강요하고, '동업조합주의'와 '볼모'의 매수인을 고발한다(제4막). 하지만 라틴 민족식의 불합리는 그럼에도 불구하고 자리를 잡는다. 따라서 사회 운동의 배우들에게 말할 기회를 줌으로써 해결해야 한다. 미디어가 5막에서 사용하는 것은 바로 종달새 집단이다. 마찬가지로 이 5막은 자연스럽게 슬픈 결론을 포함한다. 왜냐하면 정부가 후퇴해야 하기 때문이다. 여기에 몇 가지 단편이 있을 수 있다.[73]

절제 수술은 15년이나 계속되었다. 말하자면 프랑스의 엘리트들과 이들의 미디어적 중계는 이들이 목적에 도달했다고 평가할 수 있다. 이들은 "위기 만세!"를 노래하였고, 유럽과 현대성을 찬양하였으며, 변화 없는 교체를 바꾸었고, 사회 정의는 자본주의적 이성의 서클 속에 감금되었다. 아울러 마침내 프랑스

---

72) 프랑스의 여성 노동운동가. 교원전문대학을 졸업하고 교직에 있다가 '프랑스민주노동연맹(CFDT)'에 가입하여 사무총장을 역임했다. [역주]
73) 여기에서 상세한 단편과 언급하지 않은 참고 문헌은 세르주 알리미 (Serge Halimi)의 '사회 운동과 시장의 저널리즘,' 1996년 10월 《정치학, 잡지 *Politique, la revue*》 2호 참조.

를 고대 취미와 비합리의 침체에서 벗어나게 할 위대한 구조
조정이 이루어지는 동안 더 이상 달라진 것은 아무것도 없었다.
더욱이 좌파 성향의 정부는 오래전부터 약해진 노조, 다른 불
로소득자(연금수혜자)들처럼 잠자면서도 밤에 돈을 벌기를 기
대하면서, 자신들을 한 회의에서 다른 위원회로 조용히 항해하
게 해준 사회에 속아 넘어간 학계와 방송계의 지성인들을 가담
시켰다. 이것이 바로 1995년 10월에 일어난 일이었다.

그리고 알랭 쥐페는 말했다. '자신의 개혁'의 바탕은 그렇
게 중요한 것이 아니다: '단 하나의 가능한 정치'를 이끄는 것
이 무엇보다도 중요하다. 말하자면 봉급자들에게 돈을 지불하
도록 하는 것이다. 걸프전이나 마스트리히트 조약의 순간과 마
찬가지로 너무나 지나친 일관성을 염려하지 않으면서 미디어
들은 이데올로기적인 곡을 확실하게 작곡했다——쥐페는 사
회 보장의 옹호를 보장하려는 자신의 의지와 금융 시장의 불신
을 피하고자 하는 의지를 동시에 구실로 내세웠다. 그런데 사
회 보장은 특별한 염려가 되지 않았다. 알려진 진단('실패'), 예
상 가능한 치료('희생'), 친근한 논법(변증법)('형평(공정)'과 '현
대성'), 성공은 이전의 '개혁' 안의 성공만큼 보장될 수 있었다.
이와 동시에 피에르 족스[74] · 프랑수아즈 지루[75] · 베르나르 앙

---

74) 국립행정학교(ENA) 출신의 프랑스 정치인으로 사회당 국회의원, 유럽
의회의원, 내무부 장관, 국방부 장관 및 국회의장을 역임했다. [역주]

75) 지루(1916-2003): 프랑스의 작가, 기자, 국무의원. 레지스탕스 운동에도
참여했으며, 1953년 장 자크 세르방 슈레베르와 함께 《렉스프레스》지를 창간
하여 편집국장을 역임한 여성운동가로도 유명하다. 저서로는 《루, 자유 여성
사 Lou, histoire d'une femme libre》《내일은 벌써 Demain déjà》 등이 있다.
[역주]

리 레비[76]·장 다니엘[77]·자크 쥘리아르[78]·피에르 로장발롱[79]·
레이몽 바르·알랭 뒤아멜·《리베라시옹》지·기욤 뒤랑·알랭
투렌·앙드레 글뤽스만[80]·클로드 르포르[81]·제라르 카레루·
《에스프리》지·기 소르망[82]……… 등 같은 모든 지성인들과 미디
어들은 이 법안이 '용기 있고' '논리적이며' '야심에 찬,' 그
리고 '혁신적이며' '실용적' 이라고 한결같이 찬성했다.

문필가들의 뒤를 이어 투기가들('시장')또한 속아 넘어갔다.
사건은 합의된 것처럼 보였다. 즉 사람들의 실수와 정치적 탐

---

76) 에콜 노르말(파리고등사범학교)을 졸업하고, 스트라스부르대학교와 에콜
노르말에서 '인식론' 을 강의한 철학자이자 영화인 · 작가 · 비평가 · 방송인으
로 사르트르 이후 프랑스의 대표적 행동 참여 지식인에 속한다. 《인간의 탈을
쓴 야만 *La Barbarie à visage humain*》《지성인의 찬사 *Éloge des intellectuels*》
《사르트르의 세기 *Le siècle de Sartre*》 등의 작품과 《보스나 *Bosna!*》《낮과 밤
Le jour et la nuit》이라는 영화가 있다. 〔역주〕
77) 《르 몽드 데 데바》지의 편집장. 《게임의 법칙 *Règles du jeu*》《재고품
Produit d'occasion》이라는 저서가 있다. 〔역주〕
78) 에콜 노르말(파리고등사범대학)을 졸업하고, 역사학 교수자격(아그레제)
을 취득한 후 파리정치학교와 프랑스 사회고등과학원에서 정치사를 가르치고
있는 교수이자 작가. '프랑스노동총연맹' 에 가입한 당원으로 《르 누벨 옵세
르바퇴르》지 기자로 활동중인 프랑스의 대표적 좌파 지성인 가운데 한 사람
으로 20여 권의 저서가 있다. 대표작으로 《보스니아를 위해 *Pour la Bosnie*》
《자유의 신 *La génie de la liberté*》《엘리트의 실수 *Les fautes aux élites*》가
있다. 〔역주〕
79) 프랑스 사회고등과학원의 정치학 교수로 '쇠이유' 출판사의 '사상의 공
화국' 총서 간행위원장으로도 활동중이다. 저서로는 《프랑스의 정치 모델 *Le
modèle politique française*》《불평등의 새로운 시대 *Le nouvel âge de l'iné-
galité*》《프랑스에서의 국가 *L'État en France*》 등이 있다. 〔역주〕
80) 프랑스의 철학자로 프랑스국립과학원 연구원으로《전쟁 담론 *Discours
de la guerre*》《증오 담론 *Le discours de la haine*》《서구에 대항하는 서구
Ouest contre ouest》《사상가들 *Maîtres penseurs*》 외 많은 저서가 있다. 〔역주〕
81) 프랑스 공산당 국회의원으로 《정치에 관한 시론 *Essai sur la politique*》
《역사의 형태 *Formes de l'histoire*》 등의 저서가 있다. 〔역주〕

색의 6개월이 지난 후, 프랑스 수상은 자신의 실력을 증명했다. 그리고 '쥐페의 제2 법안' 또는 '대범한 쥐페'라는 제목이──이와 같은 제목이 세르주 쥘리의 일간지와 루퍼트 머독[83]의 일간지 제목을 장식했다──경제부 기자들의 가슴속에 바르·베레고부아·발라뒤르에 의해 비워졌던 자리가 다시 채워졌다. 당시 교육부 장관이었던 베루 씨는 일이 현 정권에 불리하게 전개될 경우, 기자들에게 초기의 기쁨을 기억하라는 말을 잊지 않았다. "모든 프랑스의 기자들은 말했습니다. 개혁은 언제 있을 것이냐고? 그렇다면 나에게 다음과 같이 말하는 것을 허락해 주시기 바랍니다. 그 당시 기자들 모두가 이 법안에 박수갈채를 보냈다고."[84]

사람들은 결코 왕당파를 경계하지 않는다. 우리들은 이들이 사라졌고(노동자 계급의 종말은 '역사의 종말'에서 발생하는 것이 아닌가?), 엄밀히 이들을 동정하는 몇몇 재단이 이들에 관심을 가져야 하는 운명에서 '소외된 사람들'의 대열에 유배되었다고 믿는다. 이들은 선 채로 다시 나타났다. 이러한 몰상식은 우리들의 자유로운 기자들에게 어느 정도는 1848년 6월의 어느 날에 있었던 토크빌의 추억을 환기시켜 주는 증오의 담화를 폭발시켰다. 12월 4일, 프란츠 올리비에 지스베르는 《르 피

---

82) 파리정치학교와 국립행정학교 출신의 세계적인 석학으로 파리정치학교 교수이자 작가. 《미국제: 미국 문명에 관한 시선 *Made in USA: regards sur la civilisation américaine*》《자유의 해결 *Solution libérale*》《자본 *Le Capital*》, 《리파의 어린이들 *Les enfants de Riffaa*》 등 많은 저서가 있다. 〔역주〕

83) 1995년 11월 16일자의 《리베라시옹》지와 1995년 11월 17일자의 《타임스》지.

84) 1995년 12월 3일 프랑스 제1TV 방송의 '세트 쉬르 세트' 프로그램.

가로》지에서 다음과 같은 비난을 퍼부었다. "철도 노동자들과 파리교통노조(RATP)의 공무원들이 더욱 옥죄기 위해서 프랑스를 강탈하고 있다. 왜냐하면 문제가 되는 것은 바로 이것에서 비롯된 것이기 때문이다: 동업조합주의, 말하자면 이들은 사회적 공갈단인 것이다." 《르 푸앵》지의 사장인 클로드 앵베르는 "국가 차원에서의 어머니 역할, 즉 국가에서 모든 것을 통제하고 챙기는 방식"과 공공 부분의 "구멍 뚫린 바구니"에 대해 자신이 끊임없이 주창해 왔던 상투적인 말이 되살아나게 되었다는 사실에 아주 만족하여 다음과 같이 되풀이했다. "한편으로는 일하고 있는 프랑스가 일하기를 바라고 투쟁하며, 다른 한편으로는 납으로 된 무거운 신발창으로 걷고 있는 이미 획득한 이점에 안주하고 있는 프랑스."

철도 노동자들에 의해 옥죄임을 당한 지스베르의 고통과 '획득한 이점'에 대항하여 투쟁하는 앵베르의 고통은 곧바로 전염되었다. 자신의 연봉이 당시 2백80만 프랑에 달하였던 상황에서, 파업자들의 요구를 더욱 잘 이해할 수 없었던 프랑스 제1TV 방송의 제라르 카레루는 12월 5일 다음과 같이 단호하게 말했다: "알랭 쥐페는 틀림없이 한 포인트를 얻었다. 즉 정치적인 용기의 한 포인트를. 하지만 그는 환각과 비합리가 종종 현실의 조화를 깨뜨리는 운동에 대항하여 흥망을 걸고 감행했다." 거드름 피우는 사람들의 목어(허언)는 자신들의 가장 아름다운 나무지저귀(대팻밥)를 훔쳐 가도록 했다: 한편으로는 권력과 돈의 나무지저귀——'용기'와 '현실'의 의미, 다른 한편으로는 민중과 파업의 나무지저귀——'환각'과 '비합리.' 그렇다면 이 사회 운동이 복종이란 20년의 교육학을 다시 문제삼은 파렴치한 행위일까?

《르 몽드》지의 감독위원회장인 알랭 맹크는 《르 피가로》지에서 다음과 같이 설명했다: "표면적으로는 생의 방식과 금융 시장으로 통일된 이 세상에서 프랑스적인 특수성이 존재한다. 즉 가슴 졸임의 취미." '합리성'을 정의할 힘을 부여받은 결정권을 가진 사람들, 자문위원, 전문가들에게 파업은 실제로 '달나라 착륙'(클로드 앵베르), '집단 대홍역'(알랭 뒤아멜), '마술 환등(환상 효과)'(프란츠 올리비에 지스베르), '사육제'(기 소르망), '일종의 광란'(베르나르 앙리 레비), '조발성 치매 편류'(프랑수아 드 클로제)만을 묘사할 수 있을 뿐이었다. 왜냐하면 보수파들의 꿈, 즉 라틴적이라기보다는 게르만적 요소가 강한 '중도파 공화국'[85]의 꿈은 '정신적으로 마음이 변한' 수백만의 시위자들과 맞서게 하였기 때문이다. 이 시위대들은 "독일식의 문제 해결(봉급생활자와의 협상과 경영의 엄격함)보다 이탈리아 식으로 문제를 해결(부채, 인플레이션과 고객우대주의)하는 방향으로 전향한 시대에 뒤떨어진 프랑스의 윤곽"[86]을 표현했던 것이다. 자신의 저서에서 언급했던 제약에 의해 틀림없이 정신을 차릴 수 없었던 자크 쥘리아르는, 이 기사에서 '알랭 맹크

---

85) 생시몽 재단의 핵심 멤버인 프랑수아 퓌레(François Furet) · 자크 쥘리아르 · 피에르 로장발롱이 공동 집필한 1989년에 출간된 책의 제목이다. 프랑수아 퓌레 · 자크 쥘리아르는 《르 누벨 옵세르바퇴르》지의 편집위원이기도 하다.

86) 자크 쥘리아르, 1995년 12월 7일자 《르 누벨 옵세르바퇴르》지. 이 시기의 몰상식은 물론 매주 유럽 1방송에서 쥘리아르와 앵베르 사이에 벌어지는 '우파/좌파' 토론을 듣는 일이었고, 또 서로 적대 관계에 있는 뒤아멜과 쥘리가 면전에서 벌이는 토론을 듣는 일이었다. 물론 이들 모두는 쥐페 법안에 동의한 사람들이었다.

의 사고' 중심이 되는 게르만족에 대한 라틴족이라는 인류학의 전제 조건만을 반복할 뿐이었다.

이탈리아식의 문제 해결과 '자기의 이익만을 옹호하는 폐쇄된 사회'라는 프랑스적 고풍주의가 거리를 휩쓸고 지나가는 동안, 현대성은 증권거래소에서도 영어로 표현되고 있었다. 말하자면 세계화를 주도하는 미국이 시장 경제를 주무르고 있었다. 12월 9일자 《이코노미스트》지는 다른 언론보다 당시의 상황을 다음과 같이 잘 요약하고 있다. "수백만의 파업자들, 시위 참가자들이 거리를 가득 메웠다: 최근 2주간에 일어난 사건들은 프랑스를 후진성을 면치 못하는 아프리카의 개발도상국가와 닮게 했다. 그런데 이 아프리카의 개발도상국에서 국민들에 의해 포위당한 정부는 '아이엠에프'의 엄격한 정책을 적의를 품은 국민들에게 강요하는 정책을 추구하고 있다. […] 정부는 시장의 눈치를 봐야 했다. 적당한 타협은 프랑의 위기를 야기시킬 수 있을 것이다." 4일 전에 《월 스트리트 저널》지는 실제로 전날의 프랑의 평가절하는 정부의 첫번째 양보에서 기인한다고 그 책임을 정부에 전가했다: "정부가 나약하다는 모든 징후는 그 첫번째 결과로 프랑화에 불이익을 가져왔다. 만약 쥐페 씨가 시위자들에게 양보하고 공표한 개혁안을 포기한다면, 위험수당은 사라질 것이다." 그 다음날 분위기는 더욱 좋았다. "시장은 투자가들이 쥐페 정부가 공공 섹터의 파업에 참가한 봉급생활자들과의 힘겨루기에서 승리할 것이라는 사실의 확신을 선택하자마자 새로운 전기를 맞이했다." 1주일 후 지쳐 버린 분위기는 다시 가라앉았다: "'보완책이 없는 중대한 양보'로 인식된 알랭 쥐페의 담화는 시장을 열광시키는 것과는 거리가 멀었다. 프랑화의 약세는 협상에서 비판해서는 안 되는 말을 함부로 사용한 알랭 쥐페가 개입한 직접적인 결과였다." 시장의 사회적인 사고는──우리들의 대기자들의 생각과 유사한──정말로 명확하게 정의내릴 가치가 있는가? 《레 제코》지는 다음과 같이 이 문제를 책임지고 있다: "다시 한번 말하지만, 영국의 미성년자들을 진압한 철의 여사(대처 수상)의 예는 내세울 만하다."

하지만 여론의 협력으로 파업자들을 '진압하기' 위해서는 여론이 대다수의 프랑스 사람들과 맞서도록 사회 운동이 진행되어야 한다. 프랑스 앵포 방송과 프랑스 제1TV 방송 및 기타의 방송에서 기자들은 매시간, 매일 저녁 '수십 킬로미터에 이르는 교통 혼잡' '한계에 이른 이용객' '순환 고속도로에서의 절망의 불' '질식사에 이른 기업들' '고용할 수 없는 일자리' 등처럼 반복되는 힘겨운 목록을 작성하면서 이 작업을 시작했다. 12월 12일 프랑스 제2TV 방송의 한 기자는, 얼마나 사건들이 방송 편집의 상상력을 자극하는지를 다음과 같이 고지식하게 고백했다: "여러분들에게 동일한 내용을 반복하여 이야기한 지도 벌써 18일째입니다."

그 점에서 사회적 투쟁에 대한 종종 좋은 본보기 기사를 제공했던 《르 파리지앵》지와는 달리 《프랑스 수아르》지는 다음과 같이 망설이지 않고 보도했다. 《프랑스 수아르》지는 "자신의 화를 되새기고 있는 56세의 노숙자인 크리스티앙"의 운명을 언급했다. "파리에서 교통 파업과 지하철역의 폐쇄는 아무도 원하지 않는 사람들의 무리를 거리로 밀어냈다. 크리스티앙처럼 이들은 추위로 얼어죽지 않기 위해 아침부터 저녁까지 거리를 큰걸음으로 걸어다녀야 하는 수백 명에 속하는 사람들이다." 노숙자와 동시에 로베르 에르장[87]의 석간지는 갑자기 실업자들과 최저생계비 지원자들(RMI)[88]을 염려했다: "우체국까지 확산된 사회 운동은 우체국의 창구마저 마비시킬 것인가? 이들에게 이번 주로 지급 예정된 사회보장수당마저 지불하지 못하게 할 것인가?" 파업자들에 대항하는 '소외받은 사람들'과 이들의 '비상식적인 물질적 요구들,' 이것이 정녕 아름다운 시위란 말인가! 월 8만 5천 프랑의 봉급을 받는 51세의 철도 종사자에게 질문을 던지면서 《르 피가로》지의 기자는 다음과 같이 윽박질렀다: "그렇지만 당신은 특권층이잖아요…?"

경제부 기자들은 기진맥진했다. 프랑스 국민들도 마찬가지였다. "사람들은 침묵 속에서 서둘렀다. 그들의 검정색이나 회색으로 된 복장은 초라했다. 바르샤바의 보행자라고 말하는 듯했다. 길 잃은 행진자들이 기계와 같은 동작으로 시선을 바닥으로 내리꽂은 채 앞으로 걸어나갔다. 이들의 집은 아직도 멀리 떨어져 있었다."[89] 프랑스 제1TV 방송에서 클레르 샤잘은 열심히 우리들의 불행을 다음과 같이 딴 데로 돌리려고 애썼다: "현재 프랑스가 빠져 있는 교통 마비와 위기를 언급하기 전에, 로토에 당첨되었던 행복했던 이야기를 환기해 봅시다." 이렇게 해서 로토에 당첨되었던 '브뤼노'란 사람이 방송에 초대

---

87) 프랑스의 정치인이자 편집인으로 유럽의회의원. 자동차 전문 잡지 《자동차 Automobiles》지와 프랑스의 대표적인 우파 일간지 《르 피가로》를 인수하고, 프랑스 제5TV 방송(La 5)을 설립했다. 〔역주〕

88) 프랑스의 실업자들에게 1989년부터 지급하는 생계수당. 〔역주〕

89) 1995년 12월 2-3일자의 《르 피가로》지에 기고한 베르트랑 드 생 뱅상(Bertrand de Saint Vincent)의 '눈길은 쓸쓸했다(Les regards sont tristes).'

되었다.

그 어느것도, '크리스티앙'도, '브뤼노'도, 에르페에르(RPR) '당원'들의 지나치게 간결한 시위도 소용없었다. 여론 조사의 곡선은 시장과 해설의 곡선에 완고하게 반대 방향에 머물렀고, 프랑스 사람들은 투쟁에 참가했던 이들과 연대 의식을 갖고 있었다. 따라서 미디어들은 쥐페 법안에 대한 자신들의 세심한 배려를 잊고, 마침내 쥐페 법안과 싸우는 미디어임을 표명하여야만 했다. 미디어는 전문가와 전직 장관들의 말잔치로 가득 채워졌을 뿐이다. 알랭 투렌, 물론 투렌도 급진자유주의 팸플릿(풍자적 소책자) 홍보를 위임받았고,[90] 정부안에 대한 자신의 지지를 표명하였기 때문에 밤낮으로 미디어에서 거처하고 있었다. 쿠쉬네르·마들랭·스트로스 칸 등도 모든 토론에 참가했으며, 모두가 파업이 없는 날이면 지루해했다. 하지만 이들의 문장은 너무나 경직되어 사회 운동의 배우들에게 양도된 일부 단편들을——"종합하시오!" "눈으로 말하는 것처럼 질문하시오!" 이 표현들은 다니엘 빌라리앙[91]이 이들에게 끊임없이 한 이야기였다——쉽게 일소할 수 있었다.[92] 장 클로드 카바다의 무궁무진한 말에 의해 말이 잘린다 할지라도 한 노조원의 말은 10명의 시사평론가의 말을 능가했다. 정부측 연설의 한정된 충격의 교훈에서 인용했기 때문에 쥐페는 더 이상 '왜곡의 터무니없는 기도'를 알리는 것 이외는 다른 방도가 없었

---

90) 알랭 투렌, 《리오넬, 미셸, 자크, 마르틴, 도미니크…… 그리고 당신에게 보내는 편지 Lettres à Lionel, Michel, Jacques, Martine, Dominique…… et vous》, 파이야르 출판사, 1995.

91) 프랑스 제1TV 방송의 스포츠 담당 국장. 〔역주〕

다. 아울러 1개월도 채 못 되어 두 번씩이나 아주 상냥하게 맞이하는 안 생클레르의 방송에 초대되는 방도 이외에는 다른 길이 없었다.

바르 씨는 다음과 같이 공표했다: "시련과 희생의 대가로 인간들은 적응해 나갈 것이다." 이번의 경우 '무시할 수 없는 것'의 윤곽이 드러났다. 말하자면 철도 노동자들과 파리교통공사(RATP) 직원들이 바르 씨의 심복을 물리친 것이다. 그렇다고 이러한 돌파구가 파리 지역의 미디어 편집국을 행복하게 한 것은 아니었다. 《르 누벨 에코노미스트》지는 이같은 제목을 달았다: '게다가 경제 성장이 무너졌다.' 《렉스프레스》지는 우리 '모두가 패배자다' 라고 판단했다. 클로드 앵베르에게는 '우리들이 체험한 이 모든 의기소침한 상태' 의 종말에 도달하기 위해서는 친구인 자크 쥘리아르와 《르 푸앵》지의 화가 난 여러 명의 논설위원들과 함께 돌파구를 찾을 수 있는 많은 '토론' 이 필요했다. "우리들은 누구인가?"

---

92) 1995년 12월 3-4일자 편집에서, 《르 몽드》지는 1995년 12월 1일 프랑스 제2TV 방송의 '생중계 프랑스(La France en direct)' 방송에서 사회 투쟁에 대한 여러 의견을 달리하는 사람들에 할당한 인터뷰 시간을 결산하는 특집 기사를 실었다. 르 망 출신의 50명의 파업자들은 3분 41초 동안 인터뷰를 했고, 오베르빌리에 출신의 30명의 파업 참가자들은 3분 21초, 스트라스부르 출신의 20명은 4분 48초, 툴루즈 출신의 파업 참가자들은 4분 17초 동안 인터뷰를 했다. 예컨대 2시간의 생방송 중 약 15분을 파업 인터뷰에 할당했다.

4
공모(共謀)의 세계

몇몇 기자들이 벌써부터 이러한 공모의 세계에 대한 고발 시도를 방해하고 나섰다. 이 기자들은 방해 행위를 그만둘 것이다. 이 적나라한 고발에 대해, 그렇지만 저자는 무죄를 주장한다. 인용된 기자들은 피할 수 없는 사람들이다. 왜냐하면 이들이 기자란 직업 세계를 지배하고 있기 때문이다. 우리가 제너럴 모터스 · 포드 · 크라이슬러를 언급하지 않고 미국의 자동차를 분석하는 것은 어려운 일이다. 우리는 행정자문위원회에 출석하고, 모든 정치 · 경제 분야 인물의 세대 교체 속에서도 살아남은 약 30명의 연합회원 트러스트(기업합동)의 명단을 인용하지 않고 프랑스의 저널리즘에 대해 말할 수 없다. 이것은 이들의 인격과 재능이 독창적인 것이어서가 아니다. 이들 30명의 명단은 실제로 유용할 것이다. 체계의 구조가 아닌 이들이 일하고 있는 환경의 기능을 최소한 이해하기 위해서는 이 30명을 또한 알아야 한다. 경쟁하는 것과 거리가 먼 이들 30명은 앞에서 언급한 여러 가지 제약에 자신들의 공모가 기자란 직업 세계, 즉 자신들의 상관들이나 아랫사람들을 이기적으로 압박하게 하는 구속을 첨가하면서 결탁을 끊임없이 서로 교환

한다.

환경. 획일된 생각으로 동일하게 사건을 해독하는 사람들이 일하는 환경. 기자들 혹은 '지성인들'인 이들은 약 30명으로 언제나 떨어지지 않으며, 말이 많은 사람들이다. 이들 사이에서 공모는 하나의 규칙이다. 이들은 서로 만나고, 서로의 사무실을 자주 출입하며, 서로 존경하고, 서로를 비평해 주며, 거의 모든 것에 의견의 일치를 보인다. 알랭 맹크는 오랫동안 에르테엘 방송에서, 엘세이 방송에서(예전에 이 방송에서 자크 아탈리의 토론 파트너였다), 여러 주간지에서 이들 30명의 이데올로기를 '이성 서클'이라 불렀다. 1994년의 맹크 보고서의 공동 저자인 알랭 투렌도 이들의 모임을 '현실과 가능성의 서클'이란 표현으로 부르는 것을 선호하면서 이 말을 되풀이하여 사용했다.[1] 이들을 떼어 놓기 위해서는 완력에의 호소만이 가능했다. 이러한 부르주아적 교감, 이러한 기관의 연대 의식에서 벗어나려면 '포퓔리슴'과 민중 선동이란 모험만이 존재할 것이다.

이들에게 태양은 결코 지지 않는다. 새벽에는 라디오에서, 저녁에는 TV 방송에서, 또한 전국 일간지·주간지, 지역 일간지와 같은 신문의 사설에서 해설하거나 글을 기고한다. 아울러 총결산을 위해, 모든 방송에 집중 보도된 연간 결산 보고서에서 이들의 이름을 쉽게 찾아볼 수 있다.[2] 《르 푸앵》지의 논설

---

1) 1994년 11월 6일 프랑스 제2TV '진실의 시간' 방송 당시 알랭 맹크에 의해 인용된 담화.

2) 1995년초, 미디어의 판을 짜는 3명의 저자인 알랭 뒤아멜·베르나르 앙리 레비·알랭 맹크는 자신들이 국민에게 보내는 비합리적 유혹을 고발하는 정치 에세이를 출간했다. 2년 후, 이들이 선호한 편애의 주제가 바뀌었다(알랭 뒤아멜에게는 미테랑, 알랭 맹크에게는 나폴레옹 3세)——하지만 "이 책은 미테

위원이자 프랑스 앵테르 방송의 시사평론가인 필립 메이에르[3]는 다음과 같이 제안했다: "많은 사람들이 자신들의 힘이 자신들의 명성과 마찬가지로 합법성을 갖지 않는다는 사실을 알고 있다. 이들의 힘이란 자신들의 일이나 지식 및 수완에 의존하는 것이 아니라 자신들의 미디어 출현 빈도수에 의존한다." 대기자가 대리포트였던 시대가 있었다. 아주 아득하고, 아주 오래된 값진 이야기이다. 당시 주간지 해설가는——종종 일간지의 해설가를 포함하여——단지 식사를 위해서만 외출할 수 있었다.

알랭 뒤아멜은 이처럼 보편적으로 존재하는 엘리트의 특성을 잘 구현한 사람이다. 지스카르 데스탱, 바르 지지자를 거쳐 발라뒤르 지지자였으며, 필요한 경우 조스팽을 지지하게 될 뒤아멜은 유럽 1방송의 해설위원회 의장을 맡기도 했다. 라디오 방송에서, '결정권자를 겨냥하는 아침 방송'에서 그는 토요일과 일요일을 제외하고 매일 온갖 것에 대해 조금씩 장황하게 설명했다. 《리베라시옹》지, 《르 푸앵》지, 《알자스 지방 뉴스》[4]지, 《서부 지역 뉴스》지[5], 《니스 마탱》지[6]…… 등 또한 뒤아멜의 사설 신기를 선호했다. 《르 몽드》지는 열정적으로 라디

랑이 출간하기를 원하였을 책이었다……."——이때부터 영화감독 베르나르 앙리 레비에게는 베르나르 앙리 레비. 그렇지만 이들이 취급했던 이러한 주제의 다양함은, 이들 세 사람이 계속하여 미디어의 판을 짜는 것을 방해하지 않았다.

3) 프랑스의 사회학자 겸 기자. 《르 푸앵》지의 논설위원과 프랑스 앵테르 방송의 아침 방송을 진행하고 있다. 저서로는 《미국인이 아니라는 행복 *Le bonheur de ne pas être américain*》《작업 이전의 파괴 *Démolition avant travaux*》《진보가 미쳐 날뛴다 *Le progrès fait rage*》 등의 작품이 있다. 〔역주〕

4) 알자스-로렌 지방의 지역 신문. 〔역주〕

오 방송에서 저녁 냅킨을 말아서 꽂는 소리를 이용하는 듯한 그의 라디오 해설을 인용하여 보도했다. 또한 그는 정기적으로 중도파와 부르주아적 담보를 추구하는 《뤼마니테》지에 의해 유혹을 받기도 했다. 1996년 3월 27일자 편집에서 공산주의 일간지인 《뤼마니테》는 《리베라시옹》지, 유럽 1방송, 《르 푸앵》지, 《니스 마탱》지 등의 논설위원인 뒤아멜과의 대담을 한 페이지에 걸쳐 실었다. 이 기사에서 뒤아멜은 "좌파에 대한 자신의 감정과 사주 사이의 관계의 발전안을 제시했다." 10일이 지난 뒤 《뤼마니테》지는 《리베라시옹》지에 게재되었던 뒤아멜의 사설을 인용하면서 유사한 사설을 게재하는 누를 범하고 말았다. 그리고 5월에 있은 공산당 최고의 봉헌식인 제29차 공산당전당대회에서 로베르 위는 자신의 보고서에 뒤아멜의 시평 중의 하나를 인용했다.[7] 《르 몽드》지가 《리베라시옹》지를 인용하고 있는 《뤼마니테》지를 인용하게 될 날만을 기다리면 될 뿐이었다. 모든 신문이 알랭 뒤아멜의 글을 인용하고 있었기 때문이다.

알랭 뒤아멜의 일하는 날 가운데 어떤 날은 온몸이 기진맥진해질 수밖에 없었다.[8] 프랑스 제2방송과 유럽 1방송의 '언론 클럽' 프로에서 뒤아멜은 초대받은 정치지도자들에게 질문을 던졌다. 지칠 줄 모르는 뒤아멜은 프랑스의 인정받지 못한

---

5) 프랑스 서부 지역인 렌 지방의 지역 신문으로 약 80만 부를 발행한다. 파리 일간지인 《르 몽드》지가 약 40만 부, 《리베라시옹》지가 약 12만 부를 발행하는 것을 감안할 때, 프랑스 지역 신문의 위상은 우리와 큰 차이가 있음을 알 수 있다. [역주]

6) 남프랑스 니스-알프 마리팀 지방의 지역 신문. [역주]

7) 1996년 5월 21일자 《뤼마니테》지.

엘리트들과 자유 유럽의 미덕을 옹호하기 위해 또한 매 홀수 해에 책 한 권씩을 출간했다——물론 이 책의 출간은 무시할 수 없는 일이었다. 매주 수요일마다 방송되던 '뉴스 토론'에서 뒤아멜은 《르 피가로》지의 편집국장인 프란츠 올리비에 지스베르와 《리베라시옹》지의 편집국장인 세르주 쥘리와 대전을 벌였다. 만약 세르주 쥘리가 수요일마다 유럽 1방송에 출연한다면, 알랭 뒤아멜은 금요일마다 《리베라시옹》지에 기고를 할 것이다. 따라서 이 두 사람 개개인은 어느 점에서는 다른 사람의 고용인이었다. 아울러 두 사람 모두는 계속하여 힘들이지 않고 '이성 서클'의 비좁은 공간에서 자신들의 자리를 굳건히 지키고 있었다.

  다음은 세르주 쥘리와 크리스틴 오크랑이 알지 못하는 작가

---

8) 다음은 뒤아멜이 제한된 미디어에서 계속하여 출연한 경탄해 마지않는 방송의 예이다. 알랭 뒤아멜은 1995년 1월 7일 토요일 밤 10시 30분부터 1월 10일 화요일 밤 8시까지 전국 방송에서 모두 7차례의 전파를 탔다. 그는 토요일 저녁 프랑스 제3TV 방송의 문학 프로그램에 출연했다. 일요일 아침 8시 40분에 유럽 1방송에서 세르주 쥘리와 함께 자신의 주간지 《파스 아 파스 Face à face》에 대한 대담을 했다. 정오에는 프랑스 제2TV 방송의 '진실의 시간' 프로에서 니콜라 사르조키에게 질문을 했다. 월요일 오전 7시 25분에 로베르 위를 접견하는 저녁 7시 방송 예정이었던 '언론 클럽'을 진행하기 전에 유럽 1방송에서 시사 평론을 했다. 곧이어 이 방송이 끝나자, 밤 8시에 8시 30분부터 진행되는 자크 시라크와의 대담을 위해 프랑스 제2TV 방송 스튜디오로 서둘러 갔다. 화요일 저녁 7시에는 엘세이 방송의 기욤 뒤랑이 진행하는 방송의 초대 손님으로 출연했다. 몇 시간 전에 유럽 1방송의 일간 시평은 다음과 같은 주제였다: '어느곳이나 따라다니는 자크 시라크.' 알랭 뒤아멜은 2개월이 지난 3월 4일 '프랑스 퀼튀르' 방송에서 당시의 상황을 다음과 같이 정확하게 설명했다: "나는 당시 TV에서 섭외해 온 시사 방송 출연을 많이 거절했다." 하지만 같은 해 4월 28일, 뒤아멜은 《피가로》지에 다음과 같이 고백했다: "나는 나의 직업에서 일하지 않은 날을 거의 헤아리지 못한다."

의 재능을 칭찬하면서 나눈 대화 내용이다.

1997년 1월 12일, 전 《렉스프레스》지의 편집국장이었던 크리스틴 오크랑은 자신이 진행하는 프랑스 제3TV 방송의 정치 방송이 끝나갈 무렵, 얼마 전에 출간된 신간을 소개하는 시간을 할애했다. 다음 텍스트는 바로 그날 방송된 내용의 전문으로 세 사람, 즉 크리스틴 오크랑·세르주 쥘리·필립 알렉상드르 사이에서 오간 대화의 내용을 발췌한 것이다.

― 크리스틴 오크랑: 그러면 여러분들도 마찬가지 의견이겠지만, 세르주, 당신의 선택으로 방송을 시작할까요.

― 세르주 쥘리: 그렇다면 알랭 뒤아멜을 선택하는 것은 어때요.

― 크리스틴 오크랑: 플라마리옹 출판사에서 출간된 한 예술가의 초상화요.

― 세르주 쥘리: 뒤아멜을 선택하지 않을 수 없네요. 왜냐하면 ……에 관한 프랑수아 미테랑에 헌정한 최초의 책이기 때문이지요.

― 크리스틴 오크랑: …… 총결산에 대한 것인가요?

― 세르주 쥘리: 미테랑의 정치에 관한 책이며, 미테랑 자신의 총결산에 관한 책입니다. 바로 당신이 방금 전에 총결산에 대하여 말했잖아요.

― 크리스틴 오크랑: 미테랑의 정치에 대해서요. 아주 완전하고, 뉘앙스가 아주 풍부한…….

― 세르주 쥘리: 또한 ……책이기도 하구요.

― 크리스틴 오크랑: 아울러 아주 훌륭하게 기획된 책이기도

합니다.

— 세르주 쥘리: 일독하기를 열망합니다. 나는 당신에게 이 미테랑의 총결산에 관한 책을 진심으로 추천합니다.

— 크리스틴 오크랑(자신의 《회고록》에서 "까다롭고 엄격하며 충실한 알랭 뒤아멜이 자신을 유럽 1방송으로 돌아오도록 부추겼으며, 이미 뒤아멜은 이 방송국의 간판 스타 중의 한 사람이었다고 고백했다")은 필립 알렉상드르가 선택한 책으로 눈길을 돌린다: 자 그러면…… 이야기 속으로 들어가 볼까요.

— 세르주 쥘리(《리베라시옹》지의 정치 칼럼을 쓰는 사람의 책에 관해 여전히 호의적인 무슨 말인가를 하려는 듯한): 그는 단순한 사람이 아닙니다. 프랑수아 미테랑의 이야기는 아주 복잡하기 때문에 그가 미테랑에게 정면 공격을 한 것 같습니다. 유용한 이야기죠.

필립 알렉상드르는 그러고 나서 간략하게 자신의 선택을 설명했다. 알렉상드르의 선택은 나폴레옹 3세를 집필한 알랭 맹크의 작품이었다.

크리스틴 오크랑은, 우리가 그녀의 일정이 아주 바쁘다는 사실을 가정할 수 있음에도 불구하고 자신이 이 책을 이미 읽었노라고 암시했다.[9]

3명의 대기자들에 의해 선택된 책들은 종종 기자들의 책들이었다.

9) 이 방송의 기자들은 수백만 시청자들 앞에서 자신들이 추천하려고 선택한 책에 대하여 "거의 전부를 읽었노라"(세르주 쥘리, 1995년 3월 5일 방송에서)는 사실을 인정하였거나, 단지 "읽기 시작했다"(크리스틴 오크랑, 1996년 1월 21일 방송에서)라는 사실을 여러 차례 되풀이하여 말했다.

채널을 바꾸어 보았자 아무런 소용이 없었다. 인정받는 전문가들에게 겸직과 '상호 인지 관계'[10]는 규칙이다. 따라서 하나의 논단을 보장받게 되면 또 다른 논단을 당연히 제안받게 될 것이다. 에르테엘 방송의 외부 협력자 중에서 패널은 《레 제코》지의 편집국장 대신에 《르 몽드》지의 편집국장이 맡았다. 프랑스 제1TV 방송 뉴스의 보도국장과 《르 푸앵》지의 대논설위원 중의 한 명을 참여시키는 것 또한 잊지 않았다. 1996년까지 유럽 1방송에서는 더욱 단순했다. 즉 이 방송에서 매일 밤 8시 프로그램에 월요일에는 《리베라시옹》지의 편집국장이, 화요일에는 《르 푸앵》지의 편집국장이, 수요일에는 《렉스프레스》지의 편집국장이, 금요일에는 《르 누벨 옵세르바퇴르》지의 부편집국장이, 토요일에는 《레벤느망 뒤 죄디》지의 편집국장이 차례로 바통을 이어 패널로 참여했다.

또한 《쿠리에 앵테르나시오날》지의 논설실장이 이 방송에 합류했다. 얼마 후 이 논설실장은 《르 푸앵》지에 이어 《렉스프레스》지의 논설실장으로 자리를 옮겼고, 이것은 《쿠리에 앵테르나시오날》지의 논설실장이 아르트 TV 방송에서 주간 방송의 당직을 맡기 얼마 전의 일이었다.

방송에의 초대를 결정짓는 것이 해설가의 능력이 아닌 해설의 질에만 달려 있을까? 크리스틴 오크랑에 의해 《렉스프레스》지의 편집국장 자리를 빼앗긴 지 몇 주 후, 얀 드 레코테는 또

---

10) 이러한 관계는 부르디외의 《국가 귀족 *La Noblesse d'État*》의 '선택 친화력, 법제화된 관계와 정보의 순환' 편에서 분석한 상호 인지 관계와 비교해 보라.

한 유럽 1방송에서의 자신이 맡던 주간 시사 해설마저 포기해야만 했다. 《르 누벨 옵세르바퇴르》지와 《르 피가로》지에 글을 기고하던 프랑수아즈 지루는, 아셰트 출판사의 또 다른 자매회사인 《파리 마치》지의 프랑수아 미테랑 대통령의 사생활에 대한 개입을 비평하자마자 《르 주르날 뒤 디망쉬》지에서 해고당했다. 아울러 프랑스 제1TV 방송에 대한 《리베라시옹》지의 비평을 제재한다는 명목으로, 세르주 쥘리는 1992년 부이그사 방송에서 필립 알렉상드르와 '대적할' 권리를 잃고 말았다. 당시 프랑스 제1TV 방송 보도국장이었던 제라르 카레루는 다음과 같이 당시의 제재를 정당화한다: "마시는 수프에 침을 뱉으면서 매달 금고로 갈 수 없었다."[11] 이익을 얻는 우정은 어느 정도의 제약을 강요한다.

프랑스에서 봉급생활자들이나 사회적 피보험자에 공헌하는 '동업조합주의'와 정치인들이 이용하고 있는 겸직을 없애는 데 주된 관심을 보이는 편협된 사고의 핵심은, 이들이 미디어에서 독점하고 있는 사실을 다시 문제삼을 때 똑같은 대담성을 결코 드러내지 않는다. 마찬가지로 부조화는 의미심장하다. 기자란 직업은 실직으로 치명상을 입기도 하며, 뉴스에 최소한으로 협력하거나 뉴스를 담당하는 소수의 스타급 기자들의 '보수'는 수천만 프랑이 지급된다. 하지만 이러한 소수의 스타급 기자들과 이들에게 주어지는 직함의 엄청난 힘으로 특징되는 현재의 상황은 아무에게도 이들의 이러한 특권을 고발할 수 없도록 한다.[12] 영향력 있는 조직망과의 관계를 결정적으로 끊지 않

---

11) 1992년 10월 13일자 《리베라시옹》지.

는 한 이러한 영향력 있는 조직망이 없으면 사상이나 작품(책, 디스크, 연극)은 대중과 만나는 기회를 전부 잃게 될 것이다. 15년 전부터 정치 인생을 우파 쪽으로 강제 수용시키는 이데올로기적 합류는 이설을 세우려는 계획을 아주 어렵게 만들었다. 시대의 분위기와 함께 강조되는 TV의 일부 지성인들의 끊임없이 계속되는 정처 없는 산책은 모든 시스템에 빗장을 걸어 버렸다.[13] 명석하고 견유학파적인 알랭 맹크는 다음과 같이 설명했다: "미디어 시스템은 권력의 집중을 확산시켰다. 권력의 집중 곁에서 마르크스 사상의 핵심인 '초기의 자본 축적'이 일시적인 소품이었음을 설명한다. 선별이 이루어졌다. 이 선별 행위는 소수의 지성인들에게만 유익할 뿐이었다."[14] 하지만 선별하는 사람은 누구인가? 누가 알랭 맹크를 선별하였는가? 혹은 베르나르 앙리 레비를 선별하였는가?

---

12) 다음의 미디어들은 예외에 속한다. 기뇰 드 랭포(Guignols de l' Info) 방송과 폭로 풍자 주간지 《르 카나르 앙셰네》와 《샤를리 에브도》지의 작업을 주목할 수 있다.

13) 이러한 폐쇄성을 보여 주는 것을 알아보기 위해서는 프랑스 TV에 상연된 적이 결코 없었던 피에르 샤를(Pierre Charles) 감독의 영화 《보지도 않았고, 취하지도 않았다 *Pas vu, pas pris*》를 볼 것.

14) 알랭 맹크, 《민주주의의 환희 *L'Ivresse démocratique*》(1994년 갈리마르 출판사), 1995년 3월 11일자 《리베라시옹 마가진》지의 에릭 아에쉬만(Eric Aescheimann)에 의한 인용문, '알랭 맹크, 교감을 만들어 내는 작은 기업(Alain Minc, la petite entreprise à fabriquer du consensus),' 이 훌륭한 기사는 아래에 언급된 제 문제들 중의 일부에 부응한다.

베르나르 앙리 레비의 친구들

　1994년 베르나르 앙리 레비는 프랑스 제2TV 방송의 대정치 토론 방송인 '진실의 시간' 이라는 프로에 출연했다. 자신의 훌륭한 대의와 자신의 첫번째 영화 《보스나》를 옹호하면서, 베르나르 앙리는 이 방송에서 공제조합에서 있었던 모임과 6월의 유럽의회 선거에서 '사라예보' 명단이 존재하였음을 발표했다. 이 방송의 책임자였던 프랑수아 앙리 드 비리외는 "이 영화를 보러 갈 것을 적극 추천했다."

　이어서 베르나르 앙리 레비에게 보스니아, 유럽 및 좌파의 미래에 관한 질문이 이어졌다. 칸 영화제에서 방금 돌아온 베르나르 앙리 레비는 다음과 같이 예언했다: "사회 관계가 흔들리고 있는 중입니다. 필립 솔레르스[15] · 도미니크 스트로스 칸 · 마레크 알테르[16] · 아를렘 데지르 · 알렉상드르 알데르 · 프랑수아즈

---

　15) 현대 프랑스의 대표적인 소설가이자 지성인이며, 기호학자로 잘 알려진 줄리아 크리스테바(Julia Kristeva)의 남편이기도 하다. 지성 잡지 《텔켈 *Tel Quel*》지를 창간했으며, '페늘롱(Fénelon)' 상, '메디시스(Médicis)' 상을 수상했다. 작품으로는 《신기한 고독 *La curieuse solitude*》(1958)을 비롯하여 《연인들의 별 *L'Étoile des amants*》(2002)에 이르는 많은 소설과 《예외의 이론 *Théorie des exceptions*》《18세기의 자유 *Liberté du XVIII siècle*》 등의 에세이집이 있다. 〔역주〕

　16) 폴란드계 유대인으로 파리에 정착한 작가 겸 화가이며, 에콜 데보자르를 졸업했다. 인권 운동에 적극 참여하고 있으며, 인종 차별에 반대하는 단체인 '에스오에스 라시즘(SOS Racisme)'을 창설하기도 했다. 작품으로는 《미치광이와 왕들 *Le fou et les rois*》로 '오주르디' 문학상을 수상하였고, 《아브라함의 추억 *La Mémoire d'Abraham*》으로 '프리 뒤 리브르 앵테르' 상을 받았다. 〔역주〕

베르니[17]가 스튜디오에 참석해 있었다.

당일 저녁 7시 유럽의회 선거에 입후보한 한 후보가 프랑스 제1TV 방송의 '세트 쉬르 세트' 프로에서 이 방송의 간판 앵커와 마주하고 있었다. 앵커인 안 생클레르가 이들에게 영화 《보스나!》를 앙드레 말로의 《희망》이란 작품과 비교하면서, "사람들이 이 영화를 보러 가야 한다고 '세트 쉬르 세트' 방송에서 생각했다"고 말하면서 이 영화의 이미지가 어떤지를 직접 평해 줄 것을 요청했다. 이어서 사회자는 비록 많은 지성인들이 그러한 기도에 반대 입장을 보이고 있음에도 불구하고 자신이 '지성인들의 명단'이라고 명명한 '사라예보' 명단이 존재했음을 알렸다. 1세기 후 이 주제에 관심을 갖게 될 연구자가 신뢰의 숫자를 유익하게 계산하게 될 것이지만, 안 생클레르는 베르나르 앙리 레비가 경영하는 잡지명인 '게임의 규칙(Règle du jeu)'을 인용하거나, 새로운 철학자의 최근의 섬광에 반응을 보이는 그들에게 경고하기 위해 초청인사들에게 질문을 던졌다.

다음날인 5월 16일, 베르나르 앙리 레비는 단 하루 동안 한 라디오 방송(프랑스 앵테르 방송)의 4개 프로그램의 섭외 대상이 되었다. 당시 이방 르바이에 의해 소개된 8시 30분의 '미디어 비평'은 대부분이 베르나르 앙리 레비에게 할애되었다. 이어서 베르나르 앙리 레비는 8시 40분의 '라디오-콤(Radio-Com)' 프로에 초대되었고, 정오의 뉴스 프로, 마지막으로 저녁 7시 20분

---

17) 아를렘 데지르: 유럽의회의원; 알렉상드르 알데르: 《쿠리에 앵테르나시오날》지 논설위원; 프랑수아즈 베르니: 기자 출신의 출판인(그라세, 플라마리옹). [역주]

‘전화벨이 울린다’ 라는 프로그램에 계속하여 출연했다.

5월 19일 목요일, 당시 《르 누벨 옵세르바퇴르》지의 편집국장이었던 로랑 조프랭은 뉴스에서 베르나르 앙리 레비와 그의 친구들이 “국가와 당이 변하도록 강요하면서 정치 실현 방법을 쇄신하고 있다”고 평가했다. “이것은 전형적인 시대적 유행의 한 장르이며, 좌파는 이 장르와 연결되어 있다.” 그 다음 다음날인 5월 21일, 《르 푸앵》지에서 여기자 카트린 페가르 또한 베르나르 앙리 레비에 대한 찬사를 다음과 같이 표명했다: “그의 《보스나!》 영화의 성공, 그가 참여했던 ‘진실의 시간’ 방송에서 보여 준 그의 표현의 적절함, 그의 논증의 생기(베르나르 앙리 레비는 자신의 논증을 그 주의 《르 푸앵》지 ‘단평 기사’의 마지막 란에 전개했다)는 베르나르 앙리 레비를 다매체 민주주의의 장으로 등장시켰다. […] 작가인 베르나르 앙리 레비는 그 어떤 유럽 의식의 각성을 일깨웠다.”

5월 29일, ‘세트 쉬르 세트’ 방송이 진행되는 동안 ‘사라예보’ 리스트를 4퍼센트만이 지지하겠다는 투표에 대한 여론 조사에도 불구하고(아마 베르나르 앙리 레비의 지지가 없었더라면 1.56퍼센트의 지지만을 얻었을 것이다) 안 생클레르는 다음과 같이 공표했다: “지성인들의 리스트는 선거 데이터를 뒤집었으며, 유럽 선거의 표심의 분배를 뒤집었습니다.” 4일 전에 《뉴욕 타임스》지는 이미 “언론이 솔선수범해서 포화 상태에 가까운 취재를 허가하고 말았다”고 평가했다. 또한 레지스 드브레[18]는 권력이 “거품투성이로 분기된 소수파와 자신들의 가장 훌륭한 문화적 제도 및 자신의 비망록의 관념적 조직화에 하청을 맡겨 버렸다”고 평가했다.

1994년 11월 종교적 교조주의에 대항하는 자신의 에세이 출간을 기념하여, 베르나르 앙리 레비는 다시 한번 아주 관대한 미디어의 스포트라이트를 받았다: '세트 쉬르 세트,' 유럽 1방송의 '언론 클럽,' 《르 몽드》지의 '제1면.' 더욱이 1997년 2월 자신의 두번째 영화 《낮과 밤》이 공영 방송과 장 뤽 라가르데르와의 합작으로 개봉되었을 때, 이것은 말 그대로 쇄도였다. 말하자면 모든 언론 방송에서 이 영화를 일제히 대서특필했다(《르 푸앵》지, 《파리 마치》지, 《레벤느망 뒤 죄디》지, 《피가로 마가진》지, 《마담 피가로》지가 '제1면' 기사로 이 영화를 다루었다). 이미 수개월 전부터 《르 누벨 옵세르바퇴르》지의 독자들에게는 프랑수아즈 지루가 영화의 준비 과정을 상세히 소개한 상태였다. 《르 누벨 옵세르바퇴르》지의 논설위원이자 베르나르 앙리 레비와 함께 '감정적이고 사교적인 대화'란 글을 공동 집필하고, TV에 출연한 후, 지루는 실제로 앙리 베르나르 레비의 멕시코 촬영 장소에 동행했었다. 경쟁이 불가피했다. 《르 푸앵》지는 자신들의 독자들이 이러한 사실을 잘 알 수 있기를 원했다. 따라서 이 잡지의 '단평 기사'를 통해 베르나르 앙리 레비는 개인 자격으로 이러한 사실을 독자들에게 알렸다. 《렉스프레스》지의 독자를 위해 이 잡지에 '베르나르 앙리 레비의 촬영 수첩'이란 제목으로 2페이지의 기사가 실렸다. 그렇다면 이 글을 쓴 사람은 누

---

18) 에콜 노르말(파리고등사범학교) 출신의 아그레제(철학 교수)로, 파리 1대학에서 박사학위를 받았다. 미테랑 대통령의 자문위원을 역임했고, 현재 유럽종교과학연구소 회장과 리옹 3대학 철학과 교수로 재직중에 있다. 문학 · 철학 · 예술 분야 등 다방면에 많은 저서가 있으며, 대표작으로는 《프랑스 지성인의 힘 *Le pouvoir intellectuel en France*》《아이티와 프랑스 *Haiti et France*》《성화 *Feu sacré*》 등이 있다. 〔역주〕

구인가? 바로 베르나르 앙리 레비 자신이었다.

　이어서 중요한 순간이 다가왔다. 《낮과 밤》이란 영화에 대해 중요한 평론가의 역할을 할 수 있으리라 기대했던 알랭 들롱을 방송에 초대한 자리에서, "좌파 지성인과 우파 연예인 사이의 만남이란 교묘하고 재미있게 줄거리를 짠" 안 생클레르는, 자신이 《보스나!》란 영화에서 이미 했던 것과 동일하게 베르나르 앙리 레비의 장편 영화 선집을 방송했다. 그날 방송은 더 이상 '세트 쉬르 세트' 프로가 아니었으며, 영화를 평론하는 영화 방송 앵커의 시간이었을 뿐이었다! 아울러 그녀는 다음과 같이 설명했다: "이 영화는 마음의 동요를 불러일으키고, 소동을 일으키는 영화이다." 이 대목은 특히 웃음을 자아내게 했다. 왜냐하면 대중의 건전한 정신 건강이 미디어 조작에 대한 거부 반응을 보일 수 있기 때문에, '대중'은 이처럼 우스꽝스런 방송 구성에 어떠한 관심을 기울이지 않기 때문이다. 영화비평가들은(특히 《리베라시옹》지의 제라르 르포르와 《르 몽드》지의 장 미셸 프로동) 위대한 철학자가 1년 전에 "내 인생에서 가장 부조리하고, 가장 위험한 도박"이라고 명명했었던 작품을 욕되게 할 것이라고 말하여야 했다. 하지만 베르나르 앙리 레비는 《르 푸앵》지의 '단평 기사'에 기고했던 다음과 같은 몇 행을 인용했다: "상궤를 벗어난 돈의 지배는 끝났다. 이는 잘된 일이다. 하지만 오늘날의 엄격주의, 돈의 악마화와 돈을 직업으로 삼는 자들의 악마화는 엄격주의의 또 다른 이면이 아닌가? 또 다른 광기인 것이다." 실제로 이 영화 제작에 5천3백만 프랑의 비용이 들었다.

그렇지만 베르나르 앙리 레비는 자신이 이용하던 논단을, 자신에게 아첨하는 사람들에게 보상하듯이 자신을 불안하게 하는 사람을 훈계하면서 사유화한 유일한 사람이 결코 아니다.[19] 아울러 그의 이러한 자기 실천은 1백 번을 언급해도 소용이 없다. 이러한 그의 실천은 마치 확실한 형벌의 면제를 받은 것처럼 계속되고, 보편화되며, 사람들 앞에 모습을 나타낸다. 최악의 상황은 상벌이 "다른 세계에서는 타락, 횡령, 착복, 실력자의 암거래, 비겁한 경쟁, 공모, 부정한 음모, 또는 신용의 남용이라는 이름을 갖게 되는 절차를 고발하는 사람들에게만 타격을 가한다는 것이다. 그런데 가장 전형적인 상벌의 절차는 사람들이 프랑스어로 '친절이나 환대에 상응하는 보답'이라고 일컫는 것이다."[20]

《르 피가로》지 기자인 장 보토렐은 이러한 밀고 혐의로 이 잡지사에서 쫓겨났다. 장 보토렐은 기자들의 탐욕에 문제를 제기했었다. 실제로 이러한 탐욕으로 인해 이 일간지의 두 스타인 편집국장 프란츠 올리비에 지스베르, 논설실장이며 아카데미 프랑세즈 회원이기도 한 알랭 페이르피트는 이 일간지의 지면을 자신들의 저서를 찬양하기 위해 사유화했었다. 장 보토렐에 의하면,[21] 《피가로》지의 15개 기사가 알랭 페이르피트가

---

19) 이 점에 관해서는 니콜라 보(Nicolas Beau)의 훌륭한 앙케트인 1994년 1월 7일자 《르 누벨 옵세르바퇴르》지의 '베르나르 앙리 레비주의의 잔재주 (Dans les cuisines du Bernard-Henri-Lévisme)'를 읽을 것.

20) 《리베르 Liber》지 25호의 피에르 부르디외가 쓴 '그리고 그렇지만(Et pourtant),' 1995년 12월 《사회과학연구》지 발표대회 추가 자료 110호.

21) 장 보토렐, 《독수리들의 무도회 Le bal des vautours》, 제라르 드 빌리에/장 피콜레크(Gérard de Villers/Jean Picollec), 1996.

저술한 드골에 관한 책에 편중되었다는 것이다. 따라서 자신의 해고가 있은 얼마 후, 보토렐이 이제는 자신이 일하던 옛 신문이 되어 버린 이 신문 6면 기사에서 프란츠 올리비에 지스베르의 훌륭한 최근의 '소설'을 찬양하고 있는 알랭 페이르피트가 쓴 기사를 발견했던 것은 놀라운 일이 결코 아니었다.[22]

자신의 해고로 더 이상 두려워할 것이 없는 아직은 젊은 기자인 보토렐이, 자신의 명예를 회복시킬 수 있는 회고록의 저술에 몰두하지 않는다는 사실에 대해 스스로 놀라고 있다는 것이 미소를 머금게 한다는 점을 고백하기로 하자. 누가? 언제? 어디서? 어떻게? 왜? 미국에서는 일부 일간지들이 자신의 편집국장에게 저자가 누군지를 알고 있는 책에 대한 평론을 위임하는 것을 "형식적으로 금지하고 있다." 또한 저자가 미리 설명한 책에 대한 설명을 편집국장에게 쓰도록 하던지, "문제가 되고 있는 책에서 종종 인용되는 사람과 긴밀한 관계를 유지하기도 한다."[23] 말하자면 이러한 보증은 종종 존중하기도 어렵지만, 우리나라에서는 그토록 방탕하고 경솔한 언행으로 위반되어 있어, 이러한 언행은 당연히 외국인들에게 충격을 준다.

프랑스에서의 지성의 힘: 40명의 미디어계 스타들이 4만 명의 기자들의 생사의 키를 쥐고 있다[…]. 서로의 직무에 대해 말하자면 이들은 사건과 비사건, 존재와 무, 유용함과 허무를 분리하는 의무적인 통로로 된 기압 조절실을 구성하고 있다. 친

---

22) 1996년 7월 6-7일자 《르 피가로》지.
23) 에드윈 다이아몬드의 앞의 책, p.355. 저자는 《뉴욕 타임스》지에 관한 그의 연구의 한 소절 전체를 책의 비평 문제에 할애하고 있다.

미디어적 에세이스트(그 이유는 잠시 후에 알게 될 것이지만)인 알랭 제라르 슬라마[24]가 알랭 페이르피트의 다른 저서인 《신용 사회》를 평론한 것은 《르 피가로》지가 아닌 《르 푸앵》지에서였다. 알랭 슬라마는 다음과 같이 썼다. "지난번 책과 마찬가지로 혁신적 내용을 담고 있는 이번의 저서는 페이르피트에게 새로운 토인비라는 찬사를 보내도 지나치지 않을 정도로 내용이 아주 풍부한 역사철학에 관한 명상 서적입니다. […] 우리 자신들 저 너머로 우리를 안내하는 '이 책의 주제'는 얼마나 큰 행복입니까! 모든 인간의 책임을 믿고 있지만, 풍요로움을 두려워하지 않는 모든 자유주의자들은 서둘러 이 책을 읽으시기 바랍니다. 그러면 여러분들은 더 이상 혼자가 아니라는 사실을 느낄 것입니다."[25]

기사의 제목은 '신용의 문제'였다. 이 제목은 신중하지 못했다. 《르 푸앵》지의 독자들은 실제로 프랑스 퀼튀르 방송의 고정 출연자이기도 한 알랭 제라르 슬라마가 이전에 그러하였지만 그 당시에도 《르 피가로》지의 논설위원이었다는 사실을 기억할 수 있을 것이다. 하지만 '신용' 문제를 다루고 있는 신문이 주간지였기 때문에, 이 주간지에 익숙한 그 어떤 독자가 주변의 작은 흠을 의심할 수 있었겠는가? 물론 이미 자신의 직업에 익숙한, 즉 슬라마에게 《르 피가로》지 논설실장의 작품에 대한 정중한 논평 이외의 모든 논평을 금지하는 작은 이해

---

24) 파리정치학교 교수로 《르 피가로》지 논설위원이면서 《르 푸앵》과 프랑스 퀼튀르 방송의 객원 해설위원. 저서로는 《민주주의의 퇴행 La Régression démocratique》 《죽음의 순결주의 Angélisme exterminateur》 등이 있다. 〔역주〕

25) 1995년 11월 18일자 《르 푸앵》지.

관계의 분규가 없었는가? 전술한 기사가 나간 지 약 2주일이 지난 후, 모든 일이 어느 정도 명확해졌다. 알랭 페이르피트는 아카데미회원풍으로 펜을 잡고 《르 피가로》지에 알랭 제라르 슬라마의 《민주주의의 퇴행》이라는 작품을 다음과 같이 분석했다: "알랭 제라르 슬라마는 우리 사회에서 민주주의의 퇴행이 전개되는 것을 보았습니다. 그는 이 민주주의의 퇴행을 정열적이고 명석한 분석으로 고발했습니다. […] 슬라마는 특히 '소외에 대한 투쟁'이란 분석에서 독창적인 모습을 보였습니다——이러한 역설적인 행동, 그런데 이러한 행동의 결과는 사회에 죄의식을 갖게 하는 것입니다. […] 슬라마는 프랑스 사람들에게 이 퇴행을 민주주의의 전진으로 전도시키기 위해 민주주의의 규칙을 다시 신용하도록 했습니다. 아울러 그는 아주 위대한 지성인의 용기와 뛰어난 설득력으로 이 일을 해냈습니다."[26] 이런 경우에는 항상 그러하듯이 핵심어는 바로 '용기'이다.

알랭 제라르 슬라마가 알랭 페이르피트에 관해 우리들의 '새로운 토인비'라고 칭송했던 《르 푸앵》지에 《르 푸앵》지의 논설위원이었던 알랭 뒤아멜이 쓴 알랭 제라르 슬라마의 작품에 대한 논평이 다음과 같이 동시에 실렸다. 논평은 축제와 흡사했다: "재능" "활기" "타고난 열정" "집요한 고발 방법" "지칠 줄 모르는 비평 능력" "훌륭한 재치와 침착한 논리" 등등. 알랭 뒤아멜은 이러한 점에서 프랑스 올리비에 지스베르 · 크리스틴 오크랑과 닮은 것처럼 반대자들을 몹시 좋아했다. 정확

---

26) 1995년 12월 2-3일자 《르 피가로》지.

하게 말하자면 슬라마는——알랭 뒤아멜이 그랬던 것처럼[27] 파리정치학교 교수였다——'조용한 순응주의'에 대항하여 싸웠고, '유행하는 수많은 사고에 접근'할 준비가 되어 있었다. […] 슬라마의 작품에는 페시미즘, 수사학적인 열정, 응징하는 열정, 귀족적인 지성주의를 겸비한 쥘리앵 방다의 모습도 찾아볼 수 있지만, 이 두 사람을 감히 비교한다면 슬라마는 드골을 신봉하는 방다에 속할 것이다.

알랭 제라르 슬라마는 이미 몇 개월 전에 뒤아멜의 '유행하는 수많은 사상에의 접근'에서 인습타파주의적인 에세이스트의 모습을 보았다: "알랭 뒤아멜은 유일한 사람이다. […] 극히 소수의 사람들이 뒤아멜처럼 미디어 속에 전파되어 사회의 배우들을 속이고, 민주주의의 기능을 부패시키고 있는 라틴어역 성경(vulgate)을 다시 문제삼는 데 공헌할 것이다." 알랭 뒤아멜——알랭 제라르 슬라마 또한 이 점에서 유사점이 많다.——은 프랑스의 사회 문제가 "사람들의 쇠약함과 관련이 있다기보다는 구조의 결함——기능의 혼합과 겸직, 이해 관계의 충돌과 같은——에 훨씬 더 관련이 있다는 사실을 암시하기조차 했다. 기능의 겸직과 이해 관계의 충돌이라는 진단은 타당한 것이다."

1996년 2월, 알랭 제라르 슬라마가 전《르 누벨 옵세르바퇴

---

27) 파리정치학교는 전직 기자 및 미래의 기자를 양성하는 학교이다. 안 생 클레르는 다음과 같이 설명한다; "알랭(뒤아멜)과는 20년 전부터 서로 알고 지내는 사이이다. 그는 파리정치학교에서 나의 구두시험관이기도 했다. 따라서 우리들은 오래된 친구 사이이다."(1996년 2월 25일 카날 플뤼스 방송의 '텔레 디망쉬' 프로그램)

르〉지의 편집국장이었던 프란츠 올리비에 지스베르의 우파 일간지인 《르 피가로》에 유명한 역사가들만을 우리에게 발굴해 주었다는 이유에서 좌파 주간지로 분류되는 《르 누벨 옵세르바퇴르》지의 부사장이었던 자크 쥘리아르의 저서를 찬양한 것 또한 아마도 그의 이데올로기(방다에 의해 영감을 얻은 발라뒤르 노선)[28]의 잡종적인 기질에서 기인하는 것이었다. 소규모 사회에서 자기보다 앞선 모든 이들의 경우와 마찬가지로 슬라마 또한 어느 정도는 자크 쥘리아르(당시 쥘리아르 또한 프란츠 올리비에 지스베르와 마찬가지로 유럽 1방송에서 봉급 생활을 하고 있었다)의 재능에 유혹당하였음이 틀림없다[29]: "이것은 기원을 다시 발견하고, 사실들의 가공하지 않은 원료에 잠재되어 있는 심리적인 진실을 탐색하고 있는 프루스트에 가까운 문체이고, 뛰어난 재능이다."[30]

뛰어난 아첨의 잉크 속에 자리잡은 필치로, 알랭 슬라마는 2주 전에 사회당 출신의 전직 장관이었던 다른 좌파 인사에

---

28) 쥘리앵 방다는 '민중전선(Front populaire)' 당의 당원이었다. 제2차 세계 대전 이후 그의 정치 여정은 공산당으로 기울어진다.

29) 1995년 4월 10일, 지스베르는 유럽 1방송에 이 방송의 시사평론가인 자크 쥘리아르와 클로드 앵베르를 이들의 공동 저서 《우파와 좌파 *La droite et la gauche*》에 대해 말하도록 초청하는 일에 아무런 염려를 처음부터 하지 않았다. 그는 평소에 그의 방송에서 찾아볼 수 없는 '축하!'를 보내는 '대담'으로 방송의 결론을 내리기조차 했다. 4일 후, 그는 《르 피가로》지에 《르 주르날 뒤 디망쉬》 사장이며, 유럽 1방송의 해설위원이기도 했던 알랭 주네스타르의 책에 대한 평론을 썼다. 이러한 일련의 이들과의 접촉의 의미는 프란츠 올리비에 지스베르가 자신의 직무 이외 또 다른 문학 프로인 파리 프르미에르(Paris Première) 방송의 프로그램인 '르 게 사부아르(Le Gai Savoir)'의 진행을 추가로 수용했음을 분명하게 설명해 준다.

30) 1996년 2월 1일자 《르 피가로》지.

대한 찬사를 다음과 같이 이미 노래한 바 있었다: "우리들은 장 노엘 잔네[31]의 최근 저서를 변함없는 행복감으로 읽을 수가 있습니다. 이 책의 중요성은 장 노엘 잔네가 파리정치학교에서 강의한 강의 내용을 축으로 하는 미디어 계보의 개관이라는 점에 있습니다. 우리가 위대한 역사서를 기다려야 할 정당한 근거가 있다는 사실을 참조하도록 운명지어진 개관서인 것입니다. […] 재능은 속일 수가 없습니다. 이 책 속에 얼마나 많은 기억의 환기가 존재하며, 감동을 주고 명상을 유도하는 얼마나 많은 회상이 이 책 속에 있는지 아십니까!"[32] 명상을 한다는 것은 항상 좋은 생각이다. 이 경우에서(아주 실망시키는 책) 사람들은 알랭 제라르 슬라마와 장 노엘 잔네 둘 모두가 파리정치학교에서 20세기 역사 강의를 상급 과정의 학생들에게 가르쳤다는 사실에 대해 생각할 수 있을 것이다. 요컨대 만약 알랭 제라르 슬라마의 행복이 확실히 '변함없는 것'이었다면, 그것은 완전히 예상외의 일이 아니었다.

에필로그. 1996년 2월 14일, 지금은 미디어 세계에서 '무시할 수 없는 사람이 된' 알랭 제라르 슬라마는 장 마리 카바다가 진행하는 '세기의 행진'이란 프로그램에 초대받았다. 그날 밤, 프랑스 제3TV 방송은 리오넬 조스팽을 초대했다. 장 마리 카바다는 사회당 사무총장인 조스팽에게로 몸을 돌려 다음과

---

31) 프랑스의 역사가·정치인·에세이스트. 라디오-프랑스 회장, 정보통신부 장관을 역임했고, 현재 파리정치학교 교수이자 국립도서관장으로 재직 중에 있다. 저서로는 《미디어사 *Une histoire des médias des origines à nos jours*》《도전: 1789-1914년의 프랑스의 열정 *Le Duel: passion française de 1789 à 1914*》《세기의 메아리 *L'écho du siècle*》 등이 있다. 〔역주〕

32) 1996년 1월 18일자 《르 피가로》지.

같은 질문을 던졌다: "나는 당신에게 알랭 제라르 슬라마를 소개하지는 않겠습니다. 나는 당신이 슬라마의 책을 읽었다고 상상합니다만……." 하지만 조스팽은 기자가 아니었다. 조스팽의 자신 없는 눈길은 따라서 질문의 반대, 즉 슬라마의 책을 읽지 않았음을 암시하고 있었다.

진실이란 엄격한 것이다. 저자가 미디어 최고 권위자의 작품인 경우에는 공정하고 올바른 비평이 결코 주어질 수 없다. 논단의 겸직과 '겹쳐진 의전'[33]이 이들에게 난간의 역할을 한다. 엄밀히 말하자면 사람들은 멀리서도 의용병이 쏘는 몇 발의 사격 소리를 들을 수 있을 것이지만, 그 소리는 항상 돈으로 매수된 우레와 같은 박수갈채로 뒤덮인 소리일 것이다. 돈으로 매수된 우레와 같은 박수갈채를 요구한 후, 만족해서 껄껄 소리를 내면서 자신들의 직원과 자신의 은혜를 입은 사람들로부터 터무니없는 찬사를 받는 인물들의 허영심은 측은한 마음을 불러일으킬 정도이다. 하지만 거짓말을 요구하는 사람들의 유치한 자존심을 만족시키도록 운명지어진 이러한 경건한 거짓말이 어떻게 신문의 신용에 영향을 주지 않으리라고 생각할 수 있는가? 아첨꾼을 좋아하고, 그 대가로 특별한 배려를 제공하는 출판사 사장은 매일 사상 토론에 은밀하게 돈을 끌어들이는 결정을 내린다. 기자란 직업의 의무론 헌장을 여전히 믿고 있는 기자들 중에서 일부 기자들은 자신들의 계산에 맞게 이 기회를 마음대로 이용한다. 필립 라브로·프란츠 올리비에 지스베르·장 다니엘·자크 쥘리아르·클로드 앵베르를 비

---

33) 장 클로드 기보가 쓴 표현에서 인용.

롯한 다른 힘 있는 사람들에게 이들이 쓴 글이나 저서들——
이들의 '친구들'의 글이나 저서들——을 선전하기 위해 이들
에게 자신들의 신문(주간지)이나 라디오인 에르테엘·《르 피가
로》지·《르 누벨 옵세르바퇴르》지 또는 《르 푸앵》지를 이용하
지 못하게 하거나 접촉하지 못하게 한다고 하더라도, 본질적
으로 이들 신문(주간지)이나 라디오의 그 어떤 근본을 바꾸지
는 못할 것이다. 하지만 만약 이러한 부차적인 것이 암의 전이
처럼 퍼져 나간다면 그 나머지 것들에 대해 말해 본들 무슨 소
용이 있겠는가?

만약에 슬라마가 쥘리앵 방다의 보복성의 열정으로 계속하
여 자극을 받는다 한들 무슨 소용이 있겠는가? 아울러 페이르
피트가 "현대 중국의 토크빌이 될 가망성이 없을 때"[34] 또는
'베토벤이나 아인슈타인'의 책들을 상기하는 두뇌를 가진 세
계를 재창조할 가망이 없는데도 계속하여 토인비의 책과 동일
한 혁신적인 책을 쓴다면 무슨 소용이 있겠는가?[35] 마찬가지로
만약 쥘리아르가 프루스트[36]를 생각하게 하고, 알랭 뒤아멜이
뷔퐁[37]이나 지로두[38]를 생각하게 하고, 장 다니엘이 몬테베르
디[39]를 생각하게 한다면, 지스베르가 "틀림없이 스피노자가
꿈꾸었던 소설을 막 써냈다 한들"[40] 무슨 소용이 있겠는가? 정
치 에세이에 할당된 지면에 어떤 허튼소리를 게재하게 내버려

---

34) 조르주 쉬페르(Jeorges Suffert), 1996년 12월 20일자 《르 피가로》지.
35) 피에르 쇼뉘(Pierre Chaunu), 1996년 6월 15-16일자 《르 피가로》지.
36) 《잃어버린 시간을 찾아서 *À la recherche du temps perdu*》란 대하소설
을 쓴 20세기 프랑스의 소설가. 〔역주〕
37) 18세기 프랑스의 자연과학자로 《박물관사 *Histoire naturelle*》, 《만류인
력의 법칙에 관한 소고》 등을 썼다. 〔역주〕

두는 신문의 책임자는 다른 페이지에 실리게 될 진실을 더 이상 존중하지 않을 것이다.

그리고 이러한 배려에 대한 배당금은 조촐할 수 있다. 1997년 5월, 전 《렉스프레스》지 논설위원이자 《코망테르》지 사장이었던 장 클로드 카사노바가 《르 푸앵》지 사장인 클로드 앵베르가 자신의 잡지에 실었던 사설을 편집한 책에 대한 해설을 《르 푸앵》지에서 하였다는 사실을 입수했을 때, 이것 또한 보이지 않은 입김이 작용했음이 틀림없다.

파리정치학교 교수였던 장 클로드 카사노바 또한 클로드 앵베르를 실망시키지 않았다. 2페이지에 걸친 기사는 그에게 충분했다. "당신은 당신의 아이들이 공부 잘하기를 원하십니까? 아울러 당신의 아이들이 파리정치학교에 입학하기를 원하십니까? […] 고3부터 아이들을 앵베르에게 맡기십시오. 좋습니다. 아이들에게 사람들이 더 이상 말하지 않는 얘기인 '공부하는 것은 바로 모방하는 것이다' 라는 말만을 하십시오."[41] 바로 그 주 《르 푸앵》지의 논설위원이자 아카데미 프랑세즈 회원이기도 한 장 프랑수아 르벨도 마찬가지로 앵베르에 대한 자신의 행복감을 다음과 같이 《렉스프레스》지에 털어놓았다: "앵

---

38) 에콜 노르말(파리고등사범학교) 출신의 작가. 《천사와의 전투 *Combat avec l'ange*》《소돔과 고모라 *Sodome et Gomorrhe*》《프랑스 여인과 프랑스 *La française et la France*》《앵테르메조 *Intermezzo*》 등 수많은 소설과 희곡을 썼다. 〔역주〕

39) 17세기 이탈리아의 작곡가로서, 《미사곡 *Mésses*》《성모 마리아의 만가 *Vêpres de la Vierge*》 등의 곡이 있다. 〔역주〕

40) 앙드레 브랭투르(André Brincourt), 1995년 9월 28일자 《르 피가로》지.

41) 1997년 5월 3일자 《르 푸앵》지.

베르의 사설은 그의 주간지 독자들에게 충실히 접근하는 것으로 가치를 더했다. 왜냐하면 그의 사설을 읽거나 다시 읽노라면, 그 사설을 읽고 나서 매주 그렇듯이 아주 독특한 그 특유의 분석에 참석할 수 있을 뿐만 아니라 개관에 대한 논리적인 정리를 하게 된다.”[42] 오호통재라! 개관은커녕 그의 저서는 앵베르의 심복 외에는 관심을 갖지 않을 것이다. 장 프랑수아 르벨은 틀림없이 이 사실에 아주 놀랐다. 자신의 회고록에서 르벨은 실제로 다음과 같이 설명하고 있다: “일반적으로 대중들은 정치에서와 마찬가지로 평론에서도 배려하는 평론 기사라는 사실을 본능적으로 직감하게 된다. […] (대중들은) 모든 따분한 기사로 가득 찬 신문에서 녹이 슨 지렛대임을 보여 주는 변조된 찬사를 즉시 감지한다.”[43]

필립 라브로[44]의 예

> 필립 라브로는 행운아이다. 에르테엘 방송 사장은 물론 크리스틴 오크랑의 남자 친구이지만——물론 이 사장은 오크랑의 회고록을 찬사하기 위하여 참석했었다——또한 소설가이기도 하다. 라브로의 책이 출간될 때마다 보내는 이구동성의 찬사 속에

---

42) 1997년 5월 1일자 《렉스프레스》지.

43) 1997년 1월 30일자 《언론 통신》.

44) 프랑스의 언론인 · 소설가 · 영화인. 미국에서 공부를 마치고 ‘에르테엘’ 방송의 편성국장을 거쳐 사장으로 일하고 있다. 《외국 대학생 *L'Étudiant étranger*》이라는 소설로 ‘앵테랄리에’ 문학상을 수상하였으며, 《침착성이 없는 미국인 *Un Americain peu tranquille*》《어둠 속의 배 *Des bateaux dans la nuit*》《소년 *Le petit garçon*》 등 다수의 소설 작품이 있다. 〔역주〕

서 작가나 성공을 한 저자나 권력가에게 전해지는 찬사를 구별하는 것은 힘들다. 그렇지만 그 결과는 다음과 같다: 필립 라브로의 소설은 교황의 파리 여행이 몰래 이루어진 것처럼 사람들의 눈에 띄지 않고 넘어갔다. 에르테엘 방송에서는 증권 뉴스만이 라브로의 책의 출간에 관심을 두지 않은 것처럼 보였다. 이 방송의 대부분의 다른 프로그램(시사이건 쇼이건)은 라브로의 신간 소개에 동원되었다. 게다가 그의 신간을 강조하기까지 했다. 종종 '에르테엘'과 연합을 맺고 있는 프랑스 제1TV 방송 또한 라브로 책의 광고 방송이란 임무에 충실했다. 자기 자신의 '에르테엘' 방송국 입사를 알선했던 사람을 '세트 쉬르 세트' 프로에서 접대한 사람은 바로 안 생클레르였다. 1996년 5월 12일, 안 생클레르는 라브로에게 다음과 같이 엉뚱하게 보일 수 있는 질문을 대뜸 던졌다: "필립 라브로 씨, 당신의 이 책은 대단한 성공을 거두었죠? 당신 의견으로는 그 이유가 무엇이라고 생각합니까?" 작가의 재능 때문일까? 장 마리 카바다는 자신의 '세기의 행진'이란 프로그램에 라브로를 초대했고, 라브로는 자신의 책에 대하여 설명했다.

이것이 프랑스 제3TV 방송이 라브로를 위해 배려한 것의 전부가 아니었다. 1996년 4월 14일, 전 에르테엘 편집국장이었던 크리스틴 오크랑의 프로에서 당시 에르테엘 논설위원이었던 필립 알렉상드르는 다음과 같이 솔직하게 설명했다: "나는 필립 라브로의 책을 선택하는 것 이외의 다른 방도가 없었다." 이전의 작품에 대해서도, 그녀는 마찬가지로 '다른 방도'가 없었던 것이다. 하지만 오크랑의 이와 같은 이항식이란 찬미의 미래는 불확실했다. 말하자면 필립 알렉상드르가 에르테엘 방송을 떠

났기 때문에(알렉상드르는 곧바로 크리스틴 오크랑이 해설실을 이 끌고 있던 베에프엠(BFM) 방송에 채용되었다) 다음해 자신의 '왜 곡'을 비난하고 있는 옛 사주의 소설가로의 재능에 대해 똑같 은 열정을 표명하게 될 것인지는 확실치 않았다. 필립 라브로 는 방송의 프로그램에서 자신을 후원하는 두 협력자를 확실하 게 관리하고 있었다. 한 사람은 물론 크리스틴 오크랑이었다: "대단한 감동과 대단한 정확성." 또 한 사람은 세르주 쥘리였다: "아주 성실한 사람. 위대한 작가." 어쩌면 언젠가는 필립 라브 로가 께 꽁띠[45]에서 학술원 회원으로 생을 마칠지도 모를 일이 다. 에르테엘의 '예상외의 뉴스'라는 프로에 이미 많은 아카데 미 회원들을 초대했기 때문이다.

프랑스의 자본주의는 '단단한 핵심분자'를 만드는 기술에 숙 달되어 있다. 까다롭게 얽힌 이 단단한 핵심분자의 조직망은 진 한 애정으로 얽혀 있다. 부이그 그룹과 리요네즈사는 공동 주 주로 쉬에즈 그룹을 인수했다. 요컨대 베엔페(BNP)와 위아페 (UAP)사는 많은 행정자문을 공동으로 운영하며, 서로가 상대 회사의 주주이기도 하다. 상황에 따라 이러한 기능 형태는 파 벌, 즉 일당이란 정신을 유도한다. 언론계의 거물급 기자들은 단단한 핵심분자로서 기능한다. 우리가 이미 인용한 '겹쳐진 의전'과 또 다른 많은 동일 형태의 것들, 즉 일부 기자들이 자 신들에게 은신처로 사용되는 편집국과 꾸미는 공모(계약, 컬렉

---

45) 파리 6구 '께 꽁띠(Quai Conti)'가 23번지에 위치한 '프랑스학술원 (Institut de France)'을 일컫는 말.〔역주〕

션의 지휘), 전문 직종(대학회의) 또는 경영진과의 만남 이외에도 미디어 종사자들이 개입되어 있는 문학상의 심사위원회가 있다. 이 문학상에서의 기자로의 직업은 말하자면 부화뇌동적일 수밖에 없다.

"프랑수아즈 지루 여사에 의해 주관되는 뭄(**Mumm**) 재단의 심사위원회는 1996년 언론상 수혜자 5명의 명단을 발표했습니다. 그 수상자는 […] 신문의 시평 부분에서 자크 쥘리아르에게 돌아갔습니다. 각 수상자에게는 5만 프랑의 상금이 지급될 것입니다. 수상식은 문화부 장관 두스트 블라지[46]와 심사위원들이 참석한 가운데 몽테뉴 가에 위치한 아테네 플라자에서 2월 6일 목요일 정오에 있을 예정입니다."[47] 그렇다면 《르 누벨 옵세르바퇴르》지의 부사장인 자크 쥘리아르에게 상금 5만 프랑을 방금 수여한 《르 누벨 옵세르바퇴르》지의 논설위원인 프랑수아즈 지루가 심사위원장을 맡고 있는 이 상의 심사위원은 누구인가? 심사위원들은 이 주간지의 사장인 장 다니엘을 비롯하여 클로드 앵베르·프란츠 올리비에 지스베르·크리스틴 오크랑·장 도르메송·앙드레 퐁텐[48]·알랭 쥬네스타르·이방 르바이·베르나르 피보·파트리크 푸아브르 다르보르·필립 테송[49]·로제 테롱[50]이었다.

1995년 상금 5천 프랑이 주어지는 '프랑스의 퓰리처상' 이라

---

46) 의학박사 출신의 심장 전문의로 툴루즈 시장, 국회의원, '프랑스민주연합' 당수, 문화부 장관을 역임했다. 〔역주〕

47) 1997년 1월 30일자 《언론 통신》.

48) 기자 출신의 《르 몽드》지 사장으로 국제 관계 전문가. 저서로는 《냉전사 *Histoire de la guerre froide*》《데탕트사 *Histoire de détente*》《붉은 과업 *Tâche rouge*》 등이 있다. 〔역주〕

고 일컬어지는 '오주르디(Aujourd'hui)' 상은 《환상의 과거: 20세기 공산주의 사상에 관한 시론》의 저자인 프랑수아 퓌레[51]에게로 돌아갔다. 자크 포베[52]가 심사위원장을 맡았던 이 상의 심사위원들은 알랭 뒤아멜·카트린 네·클로드 앵베르·자크 쥘리아르·필립 테송·장 페르니오[53]·크리스틴 클레르[54]였다. 이러한 심사위원들의 집회가 진정으로 '20세기 공산주의 사상'을 평가하기 위한 모임으로서의 자격이 있을까? 사람들은 이 그룹의 유일한 역사가인 자크 쥘리아르[55]만을 유자격의 심사위원으로 판단할 수 있을 것이다. 프랑수아 퓌레는 《르 누벨 옵세르바퇴르》지의 논설위원이었다(퓌레는 프랑수아즈 지루와 구내전화 35-20이란 동일 번호를 함께 사용하고 있었다). 또한 프

---

49) 《코티디앵 드 파리 *Quotidien de Paris*》지를 창간한 언론인으로 이 신문의 사장을 지냈다. 저서로 《권위는 어디로 갔는가? *Où est passée l'autorité?*》(공저)가 있다. [역주]

50) 기자 출신으로 《파리 마치》지의 사장을 역임하였고, 특히 사진 수집광으로 유명하며, 사진 컬렉션집인 《나체 *Le Nu*》라는 책이 있다.

51) 파리법과대학 출신으로 프랑스사회과학원 역사학 교수(프랑스 혁명 전공)와 총장을 역임했다. '토크빌' 상을 수상하였고, 아카데미 프랑세즈 회원으로 활약했다. [역주]

52) 작가 겸 기자로 《르 몽드》지 사장을 역임했으며, 《제4공화국 *Le Quat-rième République*》《프랑스 공산당사 *Histoire du Parti communiste francais*》 등의 저서가 있다. [역주]

53) 소설가 겸 에세이스트로 《렉스프레스》지의 정치부 국장(전문 기자)이며, 《그것은 나의 조국 프랑스였다 *C'était ma France*》 외에 다수의 작품이 있다. [역주]

54) 30년 경력의 《르 피가로》지 베테랑 여기자로, 《자크 시라크의 내면 일기 *Journal intime de J. Chirac*》《정치적 약속 *Rendez-vous politique*》《마스트리히트의 애인들 *Les amants de Maastricht*》《엘리제 궁에서의 유배 *Exil à l'Elysée*》 외 다수의 작품이 있다. [역주]

55) 하지만 자크 포베와 알랭 뒤아멜은 《프랑스 공산당사 *Histoire du Parti communiste français*》라는 책을 공동 집필했다.

랑수아 퓌레·자크 쥘리아르·피에르 로장발롱은 《중도파 공화국》이라는 책을 공동 저술했다. 퓌레는 또한 10만 프랑의 상금과 함께 '토크빌' 상[56]도 수상했다. 이 상의 심사위원장은 알랭 페이르피트였다.

《중도파 공화국》이 출간되자마자 미디어 사회는 또다시 이 책을 격찬했다. 속독에 천부적인 재능을 지녔거나, 그 주에 특별히 할 일이 없었던(작은 활자로 인쇄된 이 책은 무려 5백72페이지에 달한다) 세르주 쥘리와 크리스틴 오크랑은 이 책이 서점가에 진열되는 시간과 때를 맞춰 프랑스 제3TV 방송의 모든 시청자들에게 적극 추천했다. 거의 모든 기자들은 자신들이 이 책의 강독을 마쳤다는 사실로 저자에 대한 존경을 표현하는 것처럼 한목소리로 책 선전에 몰두했다. 《르 푸앵》지의 11월 11일자 '앙 포름(En forme)' 란에서 미디어와 정치의 공모라는 절대 확실한 바로미터(친구들은 항상 건강하고, 적대자들은 항상 '몸이 고장이다')는 《르 푸앵》지가 이번에는 프랑수아 퓌레를 찬양하고 있다는 점에서 확인할 수 있었다. 1995년 12월 5일자 《르 누벨 옵세르바퇴르》지의 '앙 오스(En hausse)' 란에 퓌레를 찬양하는 기사가 또다시 실렸다. 머지않아서 사람들은 이 상에 관한 이야기가 도덕적으로 나쁜 이야기라는 사실을 알게 될 것이다.[57] 1997년 3월, 프랑수아 퓌레는 아카데미 프랑세즈 회원으로 선출되었다. 그러자 다시금 《르 푸앵》지는 '앙 포름' 란에서 그에 관하여 ……라고 비평했다.

---

56) 19세기 프랑스의 법률가이자 정치사상가로서, 《아메리카의 민주주의 *Démocratie en Amérique*》라는 저서가 있다. 〔역주〕

생시몽 재단은 만남의 장소이다. 15년 전부터 모든 인원을 조정하여 선발한 상태로 '현대적' 좌파와 중도 우파가 이곳에서 만나고, 저녁 식사를 함께한다. 현재 고인이 된 프랑수아 퓌레와 전 생 고뱅사[58] 사장이었던 로제 포루가 이끌고 있는 이 재단은, 방크 드 프랑스 사장인 장 클로드 드리세를 비롯하여 많은 기업인들과 언론인들을 결집시키는 장소로 유명하다. 이 회원 중에는 세르주 쥘리·크리스틴 오크랑·안 생클레르·장 피에르 엘카바크·장 다니엘·프란츠 올리비에 지스베르·프랑수아즈 지루·장 부아소나·장 클로드 카사노바·미셸 코타·뤼크 페리·로랑 조프랭·알랭 맹크 등이 포함되어 있다. 이 재단은 프랑스 사회의 또 다른 단단한 핵심분자들이다.

재능이 풍부한 연금술사인 **TV**는, 시청자들이 토론에 참여한 사람들 중에서 반론하는 이가 누구인지를 잘 구별할 수 없는 토론자들을 서로 마주 보게 하는 '토론' 이란 프로를 통하여 비용이 덜 드는 프로그램 제작이라는 갈증 해소법을 익히 잘 알고 있다. 이것이 《연극 사회》란 책에서 기 드보르가 헤겔을 인용하면서 결론을 내리기 전에 언급했던 "하찮은 주제로 토론자들을 대적시키는 끝없는 시리즈물"에 해당된다. 말하자면

---

57) 프랑수아 퓌레와 소련에 관한 기사는 1996년 12월호 《르 몽드 디플로마티크》지, 모쉬 르윈(Moche Lewin)의 분석 기사인 '공산주의의 환상 또는 소련의 진실 *Illusions communistes ou réalité soviétique*' 을 읽을 것. 또한 프랑수아 퓌레와 독일에 관한 기사는 1996년 5월의 《비평》지, 엠마뉘엘 테레(Emmannuel Terray)의 분석 기사인 '환상의 과거와 희망의 미래 *Le Passé d'une illusion et l'avenir d'une espérance*' 를 읽을 것.

58) 첨단 기술의 유리·시멘트·플라스틱을 만드는 프랑스 굴지의 대그룹.〔역주〕

"유목민의 방랑은 단지 형식적이다. 왜냐하면 이 방랑은 획일적인 장소에 한정되기 때문이다." 정도를 벗어난 복수 체제의 방송 분야에서 사장이 알랭 마들랭과 가까운 엘세이 방송은 이 분야의 최고를 자랑한다. '사상의 생애'라는 프로그램이나 '도전'이라는 프로그램이 중요한 것은, 바로 초대받은 사람들이 거의 똑같은 유동식이라는 사실이다: 알랭 투렌·필립 솔레르스·엘리 코엔[59]·파스칼 브뤼크네르[60]·기 소르망·뤼크 페리[61]·알랭 핑켈크로트. 토론의 분위기는 쾌적했다: 베르나르 앙리 레비 대 기 소르망, 알랭 맹크 대 알랭 페이르피트, 클로드 앵베르 대 엘리 코엔 등이었다. 이 위대한 사상가들에게 바쳐진 예찬은 너무나 지나쳐서 시청자들이 두 개의 다른 방송에서 동시에 이들의 토론을 시청할 수 있는 일이 일어났다. 토론 참석자들은 어느 방송에서 서로 구분이 가는 이 주제를 더욱 편하게 다루었을까?

1997년 1월 19일 일요일 낮 12시 46분, 시청자들은 엘세이 방송과 제5TV 방송에서 알랭 핑켈크로트[62]를 동시에 만날 수 있었다. 엘세이 방송의 '사상의 생애' 프로그램에 고정 출연해 온 알랭 핑켈크로트는 이 방송에서 알랭 뒤아멜과 함께 프

---

59) 파리정치학교 출신의 정치학 박사로, 이 학교의 교수이자 '프랑스국립과학원' 소장. 《누가 기업을 지배하는가? *Qui gouverne les groupes industriels*》를 비롯한 다수의 정치·경제학 분야의 저서가 있다.〔역주〕

60) 프랑스의 작가 겸 에세이스트로 《르 누벨 옵세르바퇴르》지에 많은 글을 기고하고 있다. 《순진함의 유혹 *Tentation de l'innocence*》으로 '메디시스(Médicis)' 상을, 《아름다움의 도둑 *Les voleurs de beauté*》으로 '르노도(Renaudot)' 상을 수상했다.〔역주〕

61) 프랑스의 철학자로 라파랭(Raffarin) 내각에서 교육부 장관(2002-2004)을 지낸 인물.〔역주〕

랑수아 미테랑 전 프랑스 대통령의 재임 시절의 총결산에 대
해 장황하게 논하고 있었다. 하지만 그날의 토론이 실패하지
않도록, 시청자들은 프랑스 제5TV 방송에서 알랭 핑켈크로트
와 《르 누벨 옵세르바퇴르》지의 편집국장인 베르나르 게타를
동시에 맞아 토론하고 있던 다니엘 슈네데르만의 '이미지 위
에 멈춰서기(Arrêts sur image)'란 방송 시청을 포기하여야만 했
다. 주제가 무엇이었나? 주제는 동유럽에서의 미디어 역할이
었다.

　1997년 3월 9일 정오경, 엘리 코엔의 초자유주의적-좌파적
인 경제 분석을 애호하는 시청자들은 다음 사항에서 양단간의
결정을 내려야 할 판국이었다. 즉 미셸 코타가 제2TV 방송에
서 진행하는 '논쟁(Polémiques)'이란 프로에서 엘리 코엔의 이
야기를 들을 것인지, 아니면 엘세이 방송에서 알랭 투렌과 기
소르망이 엘리 코엔과 함께 진행하는 '토론'을 들어야 하는지
의 결단이었다. 이와는 반대로 세르주 쥘리의 섬광을 애호하는
사람들은 세르주 쥘리가 다른 방송에서 펼치게 될 대담을 듣
기 위해 한 방송에서 털어놓는 대담을 저버려서는 안 되었다.
하지만 사람들은 이들에게 한숨 돌릴 틈조차 주지 않았다. 1997
년 4월 20일 밤 11시경, 《리베라시옹》지 사장은 프랑스 제3TV
방송의 크리스틴 오크랑의 초대 손님으로 출연하기 몇 분 전

---

62) 에콜 노르말(파리고등사범학교) 출신의 보수주의 철학자로 에콜 폴리테
크니크(파리이공과대학) 인문학부 철학 교수. 저서로는 《타인의 이름으로: 반
유대주의에 관한 명상 *Au nom de l'autre: réflexion sur l'antisémitisme qui
vient*》《현재의 불완전 *L'imparfait du présent*》《사랑의 지혜 *La Sagesse de l'
amour*》《잃어버린 인간성 *L'Humanité perdue*》 등이 있다. 〔역주〕

에 기욤 뒤랑(엘리 코엔·장 프랑수아 칸과 함께)이 진행하는 엘세이 방송 프로에 참가했다. 《리베라시옹》지 사장의 이야기를 듣는다는 것은 아리스토텔레스가 되기 위해 스토아학파인 척하는 것으로 충분치 않다는 사실을 재빨리 깨닫게 해주었다.

신문에서도 마찬가지로 경쟁 신문사들은 동일한 편집 아이디어와 동일한 초대 손님으로 서로 경쟁한다. 1995년 3월 2일 《르 누벨 옵세르바퇴르》지와 《레벤느망 뒤 죄디》지는 각각 알랭 투렌과의 대담을 실었다. 사회학자이며 《르 누벨 옵세르바퇴르》지의 시평을 담당하고 있던 투렌은, 시라크와 발라뒤르가 경쟁할 경우 자신은 발라뒤르를 지지할 것임을 공표했다. 《레벤느망 뒤 죄디》지에서 투렌은 좌파가 불사조처럼 부활하기 위해서 해야 할 일이 무엇인지를 설명하였다. 발라뒤르를 뽑아야 하는가?

발전하고자 하는 주간지는 이러한 장르의 문제에 대한 답을 막연하게 다른 사람에게 맡길 수 없다. 따라서 1996년 4월 11일자 《르 누벨 옵세르바퇴르》지는 '좌파가 해야 할 일'이라는 제목의 기사를 실었다. 당시 편집국장이었던 로랑 조프랭에게는 《불평등의 새로운 시대》란 책의 공동 저자인 장 폴 피투시·피에르 로장발롱과 함께 진행한 3페이지에 달하는 대담이 필요했다. 피에르 로장발롱은, 우리가 보았듯이 일찍이 《르 누벨 옵세르바퇴르》지의 두 유명인사인 자크 쥘리아르·프랑수아 퓌레와 공동으로 책을 출간했었다. 로랑 조프랭·알랭 맹크와 마찬가지로 그 또한 생시몽 재단의 회원이기도 했다.

장 다니엘의 신문 지면에서 《불평등의 새로운 시대》는 다음과 같이 소개되었다: "편협된 사고를 반박하는 책." 아울러 두

필자의 사진과 함께 다음과 같은 글이 실렸다: "피에르 로장발롱과 장 폴 피투시는 자신들의 최근 책에서 1995년 출간된 알랭 맹크의 '서기 2000년의 프랑스'란 보고서에 이의를 제기한 논쟁에 답하고 있다." 더욱이 이 주간지는 다음과 같은 심각한 문제를 안고 있었다.[63] 즉 '편협된 사고'를 경멸하는 이 두 사람은 "수상인 에두아르 발라뒤르에 의해 1994년 6월 2일 공식적으로 설치된"[64] 위원회의 숫자를 35명으로 헤아리고 있다. 그런데 엄밀하게 회고해 보자면, 맹크 보고서에 대한 소개는 다음과 같은 내용을 정확하게 설명하고 있었다. "위원회는 핵심 사항에서 자신들의 목적에 합의된 이해를 도출했다. 따라서 그 회원들은 자신들이 만장일치로 합의한 의견의 일치가 문제에 대한 집단 의식을 예고하는 것으로 해석되기를 원했다."

이러한 공모와 인위적인 토론의 장을 매듭지어야 하기 때문에, 저자는 "방송 동안 세 사람 각자가 서로를 존경의 눈빛으로 확실하게 인정한 방송"이었던,[65] 크리스틴 오크랑과 세르주 쥘리·필립 알렉상드르에 의해 진행된 일요일 저녁 방송을 충실히 시청하는 것을 방해할 수 없었다는 사실을 꼬집어 주었던 '뉴스의 꼭두각시'란 풍자 방송인 '기뇰 드 랭포'에서처럼 고백해야 할 것이다. 책의 선택——중단된 것처럼 보이는 시퀀스——은 종종 대향연에 가깝다. 그만큼 이 '선택'은 예상된

---

63) 더욱이 날짜의 실수도 발견된다. 실제로 날짜는 이 주간지에 실린 것처럼 1995년이 아닌 1994년에 출간되었다.

64) 알랭 맹크의 앞에서 인용한 보고서, '서기 2000년의 프랑스(*La France de l'an* 2000),' p.185.

65) 1995년 1월 9일자 카날 플뤼스 방송의 '기 드보르. 그의 예술, 그의 시대' 프로에서 '디망쉬 수아르' 프로를 분석하는 기 드보르(Guy Debord) 참조.

것이었다. 혹자는 내기를 걸기조차 했다. 하지만 1997년 4월 6일 가장 웃지 못할 사건이 뜻하지 않게 일어났다.

'페시네(Pechiney)' '베에스엔-포장 회사(BSN-Emballage)' '까르푸(Carrefour)'가 주관한 '포장과 유럽의 환경'에 관한 대토론을 진행한 13일 후,[66] 크리스틴 오크랑은 '가사 문제'에서 자기 책의 판매 촉진 광고로 넘어갔다. 오크랑과 쥘리는 자신들이 진행중인 프랑스 제3TV 방송의 황금시간대인 정치 프로에서 정치 에세이의 소개가 본 프로에 부합된다는 사실을 잘 알고 있었다. 그런데 바로 그 일요일 밤 기막힌 일치인지는 모르겠으나 세르주 쥘리는 시청자들에게 크리스틴 오크랑의 책을 추천했다. 이 장면은 1분 26초간 진행되었다——사람들은 이 황금시간대에 프랑스 제3TV 방송에서 86초 동안 진행된 광고의 가치가 얼마나 큰지를 잘 알 수 있을 것이다——다음은 그 광고 내용의 전문이다:

—— 크리스틴 오크랑: 아 그래요, 아주 당황스럽군요…….

—— 세르주 쥘리: 크리스틴이 책을 냈습니다(쥘리는 필립 알렉상드르에게 몸을 돌린다), 크리스틴이 책을 냈어요.

—— 크리스틴 오크랑: 아, 이런 식으로 계속 진행돼서는 안 될 것 같군요.

—— 세르주 쥘리: 크리스틴이 책을 냈습니다…….

—— 필립 알렉상드르: 귀를 막으시죠!

—— 세르주 쥘리: 자, 크리스틴이 책을 냈어요. 이 책은 자신의 직업에 관한 회상록입니다. 따라서 이 책은 사사로운 회

---

66) 1997년 4월 9일자 《르 카나르 앙셰네》지.

상록이 아니라 프로다운 회상록입니다. 크리스틴의 경험은 그렇지만 다양한 경험입니다. 말하자면 미디어 총체에, 즉 라디오·TV·언론 모두를 커버하는. 아울러 그녀는 책을 썼어요. 말하자면 이 모두가 그녀에게 아주 중요한 경험이 된 것입니다.

　　—— 필립 알렉상드르: 훌륭하군요.

　　—— 세르주 쥘리: 아주 풍부한 경험이 담겨 있구요. 아울러 그녀는 인물 묘사를 아주 좋아합니다. 따라서 그녀의 책에는 많은 인물이 등장합니다.

　　—— 필립 알렉상드르: 아주 훌륭한 묘사가 많습니다!

　　—— 세르주 쥘리: 훌륭해요, 문체의 측면에서도요.

　　—— 필립 알렉상드르: 묘사가 있구요.

　　—— 세르주 쥘리: (계속하여 자신의 대화가 중단되는 것을 약간은 언짢아하며) 내가 단지 말하고자 하는 것은 바로 다음의 사실입니다: 크리스틴은 우리가 그녀와 함께 공유하는 열정, 즉 글쓰기에 대한 열정, 저널리즘에 대한 열정을 갖고 있습니다. 아울러 내가 여기에서 말해야 하는 무엇인가가 있습니다. 왜냐하면 요컨대 우리가 크리스틴과 함께 아주 좋아하는 책에 대해서 말하고 있기 때문입니다. 이 책은 동업주의 정신에서 쓴 책이 아니기 때문입니다. 우리는 저널리즘을 아주 사랑하는 크리스틴이 정열적으로 기자들을 사랑한다고는 말할 수 없습니다. 말하자면 크리스틴이 모든 기자들을 다 사랑한다고 말할 수는 없습니다. 이 책은 또한 크리스틴이 알고 있는 기자들에 대한 자신의 강한 개성을 있는 그대로 묘사한 책입니다.

　　—— 크리스틴 오크랑: 그렇지만 몇 사람들, 몇 사람들은……

—— 필립 알렉상드르: 좋아요, 나도 전적으로 당신의 의견
에 동감입니다.

—— 세르주 쥘리: 획기적인 성공을 거두겠지요!

보통 시간에는 이러한 장르의 약간은 연민의 정을 느끼게 하
는 능글맞은 이야기는 시청자들에게 크게 대수로운 사건이 아
니다. 하지만 이번에는 체계가 고장이 났다. 크리스틴이 너무
멀리 나가서가 아니다. 왜냐하면 사람들은 이와 유사한 경우
를 많이 보았기 때문이다. 그렇지만 베르나르 피보는 예전에
자신을 비난했던 인습타파주의자이며 동시에 재능 있는 《리베
라시옹》지의 한 기자인 피에르 마르셀과의 계산을 정산하기 위
해 작은 사건을 인용했다.

베르나르 피보는 1997년 4월 13일자 《르 주르날 뒤 디망쉬》
지에 다음과 같은 글을 기고했다. "피에르 마르셀의 총애를 항
상 받는 기사는 바로 크리스틴 오크랑이 진행하는 '디망쉬 수
아르' 프로이다. 마르셀은 오크랑을 좋아하는가? 확실히 그렇
지 않다.

마르셀이 《디망쉬 수아르》 프로에 대해 아무런 말도 하지
않은 것은, 그것은 왜냐하면 《리베라시옹》지의 사장인 세르주
쥘리가 필립 알렉상드르와 함께 영원한 초대객이기 때문이었
다. 모든 TV에서 기자로서의 용기를 보여 주는 우리들의 위대
한 마르셀 씨의 기자 의무론은 자신의 사장을 비웃도록 하지
않았고, 자신을 고용한 TV를 또한 비웃지 않았다[…]. 어제저
녁 방송은 평소보다 그를 더욱 가렵게 만들었다. […] 망연자
실과 어리석음! 세르주 쥘리는 크리스틴 오크랑의 새로 나온
책 《마음의 회고》의 소개를 선택했다. 사람들은 꿈을 꾼다고

믿는가! 하지만 아니다. 오히려 거북해하는 기자 앞에서, 《리베라시옹》지 사장은 프랑스 제3TV 방송 앵커의 회고록을 찬양하고, 이 책이 '동업주의'의 책이 아님을 강조하고, 또한 책의 묘사를 칭찬했다……. 필립 알렉상드르는 열광적으로 칭찬했다. 실제로 그들이 그른 것은 아니다. 하지만 어떻게 크리스틴의 달콤한 아첨의 언사로 후광을 입은 이들이 갑자기 벙어리가 될 수 있었겠는가? 마르셀 씨에게는 기자 세계의 이러한 관습과 특히 기자 윤리와 어긋나는 이러한 장면이 식상한 것이었다! 만약 파트리크 푸아브르 다르보르가 TV에서 뻔뻔스럽게 클레르 샤잘의 소설을 그녀 앞에서 찬양한다면, 특히 자신이 진행하는 뉴스에서 그런다면, 마르셀 씨는 다음날 우리에게 이러한 사실을 고발하는 기사를 분명히 선보일 것이다. 하지만 한심한 오크랑의 동기생으로 《리베라시옹》의 보스인 사주에 대해 그에게는 쇼킹한 것이 아무것도 없었고, 아무런 할 말이 없었다. 왜냐하면 그는 그날의 방송 대담에 대한 아무런 기사도 쓰지 않았기 때문이다."

그 다음날인 4월 14일 월요일 《리베라시옹》지의 TV 소개란에 베르나르 피보를 비난하는 아주 놀라운 우연의 일치가 일어났다. 필립 랑송은 로베르 바댕테르[67]를 초대하여 베르나르 피보가 진행한 '부이용 드 퀼튀르'라는 문학 전문 프로그램에 대해 다음과 같이 말했다. "피보 씨는 오래전부터 자신이 초

____

67) 프랑스의 정치가·변호사·에세이스트. 사회당 출신의 상원의원이며, 법무부 장관 재직시 사형 제도를 폐지하였다. 작품으로는 《파시즘이라 말했습니까? *Vous avez dit Fascisme?*》 《또 다른 정의 *Une autre justice*》 등이 있다. [역주]

청하는 사람들의 말을 듣지 않는다. 그는 어수룩한 사람의 역할을 하고 있으며, 실제로 귀가 약간 어두운 늙은 매니저에 불과할 뿐이다. 그는 자신의 방송을 위해 구성할 위원들의 명단과 해야 될 질문의 리스트를 손에 쥐고 있다. 따라서 그는 똑같은 문제를 다시 묻지 않기 위해 한 질문이 끝나면 그 끝난 질문에 밑줄을 긋는다."

마침내 1주일 후 피에르 마르셀은 자신이 담당하는 시평 중의 한 시평에서 다음과 같은 추신 형식으로 직접 베르나르 피보에게 화답했다. "추신: 지난주에 내가 TV 방송을 쉬고 있는 동안, 문학과 공무 분야에서 성스런 인물이며 아세트-필리파치 출판사에서 보수를 받고 있는 베르나르 피보는 어째서 왜 크리스틴 오크랑이 진행하는 방송의 상임 초대객이자——나를 고용한 《리베라시옹》지의 사장인 세르주 쥘리로 불리는 제3TV 방송의 '디망쉬 수아르'에 대한 보도 기사를 《르 주르날 뒤 디망쉬》지에서 쓰지 않았는지의 이유를 암시했었습니다. 베르나르 피보 씨의 통찰력은 종종 나를 숨가쁘게 합니다." 그 어느것도 마르셀 씨에게 문제의 대상이 되었던 피보의 공격에 대해 《리베라시옹》지 독자들의 관심을 끌도록 강요하지 않았다. 아울러 그의 대답은 솔직했다. 실제로 그는 항상 자신의 사고를 표현하는 데 자유롭지 않았다. 하지만 누가 이해 관계 및 우정의 망을 통해 그를 점점 더 구획 정리되고, 점점 더 숨막히는 직업 세계로 들여놓았는가?

피에르 마르셀을 훈계한 지 얼마 지나지 않아 베르나르 피보는 이번에는 크리스틴 오크랑을 자신의 프로인 '부이용 드 퀼튀르'에 초대했다. '한심한 오크랑 동기회'는 계속되었던 것이다. 비록 베르나르 피보가 《르 주르날 뒤 디망쉬》에 큰 타격을 줄 수 있는 글을 썼지만, 이 글은 틀림없이 《리베라시옹》지의 마르셀 기자를 겨냥한 것이었다. "실제로 우리들의 알케스티스(Alceste)[68]는 기자들에게 그 흔해빠진 자신과 용기, 자유와 독립의 교훈을 따르지 않는 타르튀프(Tartufffe)[69]이다. 마르셀 씨에게 이러한 점들이 부족한 것이 단지 무기력 때문이었을까?" 비록 크리스틴 오크랑의 작품이 유명한 작품이라는 사실에 이론의 여지가 없을지라도…… 우리들은 그녀 책의 여기저기에서 다음과 같이 눈에 띄는 일부 구절도 발견할 수 있다. "나는 파리에서 사실과 명예를 경멸하고 자신들의 이해 관계를 최상으로 여기면서…… 사형을 사상의 양식처럼 결정하는 모든 방송망의 권력을 파헤치고자 한다. 기자 세계는 […] 파벌과 단골고객의 세계가 아니며, 상호 찬탄과 친절이나 환대에 상응하는 것으로 보답하는 사회 또한 아니다. 아울러 기자세계는 구원의 세계가 절대로 아니며, 더욱이 자신의 안락을 추구하는 세계가 결코 아니다."[70]

---

68) 그리스 신화의 아름다운 여주인공으로 페라이 왕 아드로메토스의 아내가 되었다가 남편을 대신하여 죽는다. 평소 알케스티스의 아름다움에 반했던 헤라클레스의 도움으로 환생하여 남편에게 돌아간다.〔역주〕

69) 몰리에르의 희곡 미장트로프(Misanthrope)의 주인공으로 성미가 까다롭고 염세적인 벽창호.〔역주〕

70) 크리스틴 오크랑의 앞의 책 p.230.

결 론

미디어는 점점 더 문제가 되어가며, 기자들은 점점 더 순종적이며, 뉴스는 점점 더 빈약해지고 있다. 사회 변혁의 욕망은 오랫동안 이러한 장벽에 부딪칠 것이다. 비공식적인 당, 우리가 기대할 것이 아무것도 없는 과두 정치를 이끌고 있는 당에 대항하여, 미디어의 큰 스포트라이트를 받지 못하는 단호한 성격을 소지한 반대파들의 목소리를 추구하고 격려하는 것이 더 낫다. 그렇지만 이러한 총결산의 어두운 면을 완화해야 한다면——이러한 총결산은 예상 가능한 일이었다——이것은 바로 그간의 홍보 활동의 실패에서 기인할 뿐이다. 사회적 삶은 스크린(TV 화면)에 저항한다. 사회적 삶은 잠재적이지 않으며, 종종 권력의 메커니즘과 불복종의 위급함에 관한 ‘정보’ 이상의 정보를 제공한다. 1995년 11-12월의 파업은 이러한 사실을 명백하게 환기시켜 준 사건이었다.

라 드롬(la Drôme)[1]에 있는 톨리냥(Tauligan) 가까이에서 옛 레지스탕스 요원들이 매년 8월 15일경에 자신들의 죽은 동료를

---

1) 프랑스 남동부에 위치한 론-알프(Rhône-Alphes) 지역의 도의 이름으로 도청 소재지는 발랑스(Valence)이며, 행정 구역 번호는 26번이다. 〔역주〕

추억하기 위한 연극을 연출한다. 이들은 발로 기어오르거나 돌이 박힌 무더운 오솔길을 지나 4×4미터의 공간인 당시 레지스탕스의 지역 본부였던 랑스(Lance)의 산악 지대에 다시 모인다. 이곳에 모인 수백 명의 관객들 앞에서 젊은 배우들은 옛 전우들에 대한 증언을 고백하고, 폴 엘뤼아르[2]와 피에르 엠마누엘[3] · 나짐 히크메트[4]의 시를 읽는다. 틀림없이 어느 면에서는 지나칠 정도로 교훈적인――하지만 이 지역은 '국민전선' 당이 강세를 보이는 곳이지만――이들은 비시 정부하에서 비시 정부에 협력했던 사람들을 고발한다. 이들은 연극의 말미에서 '레지스탕스 당원가'와 '버찌의 계절'[5]이란 노래를 힘차게 불러댄다. 이어서 각자는 행복한 마음으로 톨리냥으로 다시 내려간다. 이러한 '정보,' 이러한 문화, 이러한 감수성은 카메라의 관심을 끌기 위한 것이 아니다. 더욱이 이런 것들은 어떤 예외적인 특성을 제시하는 것도 아니다. 왜냐하면 이것이 '사건'

---

2) 프랑스 초현실주의 시인. 레지스탕스 운동에 참여했으며, 특히 그의 시 〈자유 Liberté〉는 제2차 세계대전 당시 레지스탕스 당원들의 노래로 널리 사랑받았다. 〔역주〕

3) 프랑스의 언론인 · 시인 · 에세이스트. 제2차 세계대전 당시 라 드롬(La Drôme)으로 피신하여 레지스탕스 운동에 참가한 후 프랑스의 독립을 위해 헌신했다. 시집으로는 《엘레지 Elégies》《오르페의 무덤 Tombeau d'Orphée》 등이 있으며, 20세기 프랑스 최고의 시인으로 칭송되고 있다. 〔역주〕

4) 터키 태생의 시인 · 소설가 · 극작가. 터키의 오토만 황제에 대한 민중 봉기의 내용을 담은 시 《셰이크 베드레딘의 서사시 L'épopée de Sheik Bedrettin》로 구속되었다가 장 폴 사르트르 · 피카소 등이 주도된 국제적인 구명 운동에 힘입어 석방되었고, 1950년 파블로 네루다(Pablo Neruda)와 노벨평화상을 공동 수상했다. 〔역주〕

5) 프랑스의 혁명가인 장 바티스트 클레망(Jean-Baptiste Clément)의 시에 곡을 붙인 '혁명가'로 애창된 노래. 오늘날에는 원래의 혁명가와는 달리 '사랑의 노래'로 프랑스인들의 사랑을 받고 있다. 〔역주〕

이 아니기 때문이다. 하지만 이와 같은 행사가 아직도 프랑스에 존재한다. 아울러 반대자의 목소리가 프랑스에서 결코 죽지 않고 살아 있는 것은 이와 같은 행사 덕택이라고 말할 수 있다.

한 미국 노조원은 미국의 기자들에 대해 말하면서 다음과 같은 사실을 주목했다: "20년 전에는 기자들이 우리들과 함께 카페에서 저녁을 먹었다. 오늘날에는 이들이 사업가들과 저녁을 먹고 있다." 저널리즘은 '힘 있는 결정권을 가진 자' 들과만 회동하면서, 고위층과 돈이 지배하는 사회에 길을 잘못 들어놓으면서, 경제적 사고의 선전 기계로 전락하면서 지배 계급과 특권 계급이라는 계급 제도에 갇혀 버렸다. 저널리즘은 독자들을 잃었고, 독자들의 신용마저 잃었다. 저널리즘은 공공 토론의 퇴화를 재촉했다. 이러한 상황은 저널리즘 체계의 특성이다. 아울러 저널리즘 본분의 코드는 이러한 상황에서 큰 것을 변화시키지 못할 것이다. 하지만 폴 니장이 일컬었던 "부르주아적 사고에 민감한 학자들이 정리하는 온순한 개념들"에 대하여 각성하는 것은 저항의 한 형태로 간주할 수 있다.

역자 후기

이 책은 세계적인 프랑스 일간지 《르 몽드》의 자매지인 《르 몽드 디플로마티크》지의 전문 기자 겸 작가로 명성을 얻고 있는 세르주 알리미(Serge Halimi)의 《Les nouveaux chiens de garde》(리베르–레종 다지르 출판사, 1997년)를 번역한 것이다. 프랑스어 원제를 우리말로 번역하면 '새로운 집 지키는 개들'이 되겠으나, 그럴 경우 제목이 주는 의미가 자칫하면 요즈음 우리 사회의 유행인 '견공'을 소개하는 책쯤으로 해석될 소지가 있어 《새로운 충견들》이란 제목하에 '프랑스 미디어의 허와 실'이라는 부제를 달았다. 현직 기자인 저자는 이 책에서 주인의 말을 잘 듣고, 주인을 위해 절대 충성하는 충견에 자신이 속해 있는 기자 집단을 비유하여 프랑스의 미디어 세계와 권력——말하자면 정권 차원의 권력이 됐건 자신이 몸담고 있는 미디어의 사주와의 관계가 됐건——과의 관계를 기자 특유의 예리함으로 파헤치고 있다.

이 책의 번역은 시작부터 많은 어려움이 따랐다. 우선 책의 내용이 프랑스 미디어 세계의 현황을 거론함으로써 프랑스 언론의 미시사에 소원했던 역자에게 그 내용 파악에 상당한 시간을 할애케 했고, 또 기자 특유의 문체의 간결함과 행간에 숨은 함축적인 내용의 파악은 역자의 부단한 상상력을 요구하였다. 말하자면 프랑스 사람들조차도 잘 이해하지 못하는 현대사의 광범위한 시사 문제와 프랑스 미디어 세계에 대한 낯섦에서였다. 다시 말하면 프랑스 미디어계의 최고 지성인 가운데 한 명으로 인정받고 있는 한 기자의 자기 직업에 대한 진솔한 반성인 이 책은, 미디어 및 지식인 계층에 대한 정확한 이해 없이는 우리말 번역이 어렵다는 점이었다(이 책의 우리말 번역이 지금까지 유보된 이유 중의 하나도 아마 이런 연유에서 기인할 것이다).

이 책에 거론되는 수많은 인물들은 근·현대의 프랑스 사회를 이끌어 나가고 있는 정치·경제·사회·문화 분야의 최고 지성인들과 미디어 부문에 종사하고 있는 언론 방송인들이다. 따라서 무엇보다도 이 책의 올바른 이해를 위해서는 실명으로 등장하는 인물들과 고유 명사에 대한 사전 정보가 요구되었다. 그리하여 각 페이지에 등장하는 수많은 고유 명사와 프랑스 지성인들에 대한 주석을 일일이 달아야 했고, 그러다 보니 번역의 진도가 더디어지고, 예상과 달리 꽤나 복잡하고 까다로운 작업이 된 셈이었다.

오늘날 우리들은 미디어의 홍수 속에 살고 있다. 따라서 미디어 세계를 알리거나 이해하고자 하는 사람들을 위한 개론서와 그와 관련된 서적들이 수없이 쏟아져 나오고 있다. 하지만 대부분의 서적들은 미디어에 관한 이론서나 해설서들이며, 한 나라의 미디어 세계의 심층 구조를 솔직하게 해부한 책들은 그리 많지 않다. 그런 점에서 프랑스의 현직 기자가 프랑스 미디어 세계를 솔직하게 파헤치고 있는 이 책의 중요성이 돋보인다 하겠다. 자기가 속해 있는 집단의 세계를 있는 그대로 해부한다는 것은 많은 용기와 결단이 필요한 작업임이 최근의 우리 방송계에서 발생했던 명품 핸드백 사건에서도 입증된 바 있기 때문이다.

미디어의 가장 중요한 기능이 권력 견제와 정론 직필이라는 사실은 누구나 익히 알고 있는 사실이다. 따라서 이러한 미디어에 대한 정의는 미디어가 존재하는 세계 어느곳에서나 동일한 명제에 속할 것이다. 21세기의 디지털 시대에서 미디어의 힘은 더욱

커졌고, 이 조직의 한복판에 기자들이 있고, 바로 이 기자들이 미디어의 총아가 된 지 오래다.

우리나라에도 각 언론 방송의 수많은 기자들이 있고, 이 중에는 유명인사가 된 스타급 기자들도 많다. 예컨대 ○○방송의 ○○○, ○○일보의 ○○○ 등은 삼척동자도 다 알 만큼 유명인사가 되었고, 이미 오래전부터 확고부동한 위치에서 온 국민의 사랑을 받으며, 예리한 안목으로 사회 구석구석의 문제를 비평·해설하고 있다. 이와 같은 사정은 프랑스도 마찬가지이며, 프랑스에서는 약 40여 명의 스타급 기자들이 프랑스의 미디어 세계를 지배하고 있다. 외견상으로 유사해 보이는 두 나라의 미디어 세계에는 그렇지만 근본적인 차이가 존재한다는 것이 역자의 생각이다. 그 차이는 다름 아닌 사회적·제도적 차이에 바탕을 둔 프랑스 특유의 미디어 전통, 즉 기자들의 교육 과정과 이들의 도덕적 의무론에서 비롯된 것일 터이다. 따라서 프랑스 미디어의 특징에 대한 이 간단한 소개가 이 책의 이해는 물론 세계화의 열풍 속에서 우리의 언론 방송이 앞으로 취하여야 할 방향 설정에 조그만 지침 역할을 할 수 있기를 기대하며, 또한 그 종사자들에게는 하나의 시금석이 되었으면 하는 것이 역자의 바람이다.

첫번째로 생각할 수 있는 프랑스 미디어의 특징은 기자들의 교육 및 선발 제도이다. 프랑스에서 기자가 되려면 대학에서 미디어 계통의 학과를 졸업하여 시험을 치르거나, 프랑스 엘리트의 산실이며 언론인 양성 전문학교인 그랑제콜(École de Journalisme)이나 파리정치학교(IEP)를 반드시 졸업해야 한다.[1] 특히 후자의 미디어 전문 그랑제콜은 프랑스 고유의 기자 양성 제도의 핵이다. 말하자면 프랑스에서 기자가 되기 위해서는 교수가 되기 위해 에콜 노르말 쉬페리외르(ENS), 일명 파리고등사범학교를 졸업하여 교수자격시험(아그레제)에 합격해야 되는 것처럼, 또한 정치·행정

분야의 엘리트, 예컨대 고급공무원·정치인·외교관·행정가 등이 되기 위해서 국립행정학교(ENA)를 졸업해야 하듯이, 처음부터 엄격한 선발 과정을 거쳐 그 분야의 최고 엘리트를 양성하는 전문 교육을 받아야 한다는 점일 것이다. 이런 전문 교육을 받고 선발된 기자들은 프랑스 최고의 엘리트라는 자부심과 기자란 전문 직업의 명예를 위해서 최선을 다한다. 이것이 바로 프랑스 미디어 교육의 특징이며, 프랑스의 자랑이기도 하다. 이렇게 기자 생활을 시작한 기자들은 자기 분야에서 최고임을 자부하며, 이에 걸맞게 자기 계발에 부단한 노력을 기울인다는 점이다. 굳이 프랑스 TV의 가장 인기 있는 앵커인 파트리크 푸아브르 다르보르나 안 생클레르를 거론하지 않더라도, 이 책에 거론되는 대부분의 기자들은 프랑스 최고 엘리트의 산실인 그랑제콜 출신으로 기자 세계에서 최고임을 자타가 인정하는 사람들이다.

그렇다면 우리의 현실은 어떠한가? 우리나라에서도 기자가 되기 위해서는 대학을 졸업하고, 전공에 상관없이 언론고시(?)를 통해 기자시험에 합격해야 하며, 이어서 일정 연수 기간이 끝나면 곧바로 기자 초년생이 되어 경찰 출입기자부터 시작하여 여러 부서를 거치는 것으로 알고 있다. 아울러 시간이 지나면서 쌓인 경력과 연륜에 따라 명당이라 불리는 부서에 배치되고, 대기자나 스타급 기자로 거듭난다. 이렇게 스타급 기자가 되면, 언제든지 유명인사가 될 수 있고, 정치권의 입김으로 하루아침에 국회의원 금배지를 달고 정치인으로 출세 가도를 달릴 수도 있고, 또 다른 직장의 CEO나 교수로 변신할 수도 있다. 이러한 예를 우리는 수없이 보아 왔고, 앞으로도 계속하여 보게 될 것이 틀림없다.

둘째로 생각할 수 있는 프랑스 미디어의 특징은 프랑스 기자들의 박학다식과 전문성을 들 수 있다. 이 책의 본문에서 확인할 수 있겠지만, 이 책에 등장하는 프랑스의 기자들은 자기 분야에 관련된 여러 권의 저작을 갖고 있을 정도로 그 분야의 전문가임을 자랑한다. 말하자면 이것은 단순한 기사 작성이나 방송 프로 및 뉴스의 진행에서 벗어나 전문 기자로 거듭나려는 노력의 증거일 것이다. 이러한 노력은 곧바로 경쟁력으로 이어져 프랑스 미디어 발전의 한 축을 이루고 있다는 점은 그 어느 누구도 부인할 수 없다. 오늘도 많은 특파원을 해외로 파견하고, 연수를 보내고 있지만, 과연 이와 같은 피상적인 일들이 우리나라의 미디어 발전에 얼마나 큰 공헌을 하고 있는지는 기자들 스스로가 잘 알고 있으리라 생각한다. 요즈음 들어 심심찮게 ○○○ 기자가 쓴 책의 선전이 눈길을 끈다. 이름 석자면 누구든지 알 수 있는 꽤나 알려진 기자들의 책도 찾아볼 수 있다. 하지만 우리는 두 가지 점에서 큰 차이를 느낄 수 있다. 하나는 책의 내용면, 말하자면 대부분의 경우 전문성이 떨어지는 신변잡기나 수필, 특파원 시절의 특파원 리포트 형식의 글이라는 점이다. 다른 하나는 양적인 비교가 가능할 것이다. 인터넷에 들어가 기억에 떠오르는 언론 방송사의 기자나 대기자·사주들의 이름을 검색해 보면 그 내용의 빈약함에 아마 모두들 놀랄 것이다. 지나친 편견인지 모르겠지만 우리의 스타급 기자들이 어필할 수 있는 것이 고작해야 자신이 진행하는 뉴스나 해설의 멘트이고, 사설이나 시평에 관한 사항일 뿐 이들이 올바른 언론 창달을 위해 부단 없는 노력을 하고 있다는 증거(?), 즉 전문성 확보를 위해 끊임없이 노력하고 있다는 증거를 찾아보기가 참으로 힘들다는 것이다. 그러나 프랑스 기자들의 경우는 상황이 전혀 다르다. 이 책의 마지막 장 '공모의 세계'는 바로 프랑스 기자들이 서로의 저작을 미디어에서 공개적으로 칭찬하고 평가하는 내용을 비평한 내용이다. 그만큼 프랑스 기자들이 책을 많이 쓴다는 증거이다. 하지만 이러한 좋은 의미(?)의 '공모의 예'를 우리나라에서는 거의 찾아보기 힘들다(혹시 기자의 책을 선전하는 신문 광고에서 본 기자의 간단한 서평을 포함시킬 수 있을지 모르겠지만). 이런 점에서 이 책에 거론된 프랑스 기자들의 박식함과 그 전문성은 하나의 충격으로 다가올 수 있을 것이다.

마지막으로 생각할 수 있는 프랑스 미디어의 특징은 미디어 종사자는 물론 방송이나 신문 · 주간지마다 자기 고유의 특색을 갖고 있으며, 프랑스 최고의 지성인들과 미디어를 공유하고 있다는 점이다. 프랑스의 미디어는 극좌파 · 좌파 · 중도 좌파 · 우파 · 중도 우파 · 극우파 등으로 나뉘어 자기 미디어 고유의 논조로 프랑스 사회를 진단하고 해부하고 비평한다는 점이다. 그만큼 프랑스 사회는 다양성의 사회이며, 이러한 다양성은 문학 · 사회학 · 정치학 · 경제학 할 것 없이 모든 학문에 종사하는 지성인들의 정신 세계와도 밀접한 관계가 있음을 알 수 있다. 한 목소리가 아닌 다양한 목소리가 여론을 이끌어 가는 사회가 바로 프랑스다. 그러다 보니 기자들의 이력에도 '좌파 기자'니 '우파 기자'니 하는 명칭을 이름 앞에 달고, 자기 색깔에 맞게 현대 프랑스 사회를 리드하는 최고의 지성인들을 자신들의 미디어에 참여시킨다. 지성인들은 자유롭게 프랑스의 유명 일간지나 주간지에 정기적으로 글을 쓰거나 방송에 참여함으로써 여론을 주도하고, 권력을 견제하는 미디어 본연의 기능을 공유한다. 하지만 우리나라에서는 고유의 색깔과 논지를 갖는 미디어가 그리 많지 않다(요즈음 들어 자신의 색깔과 목소리를 가지려는 인터넷 신문의 등장은 이런 점에서 고무적인 일이라 하겠지만). 아울러 프랑스 기자들은 프랑스 전체의 공감대를 필요로 하는 사회적 문제, 예컨대 실업 · 사회 보장 · 외국인 · 인종 차별 등과 같은 사회적 이슈가 제기될 때는 언제든지 타미디어의 토론의 장에서 지성인들과 함께 벌이는 지적 토론에 전방위로 참여한다는 점이다. 지금까지 역자는 예컨대 ○○방송의 ○○○ 기자가 △△방송이나 ㅁㅁ방송에 출연하거나 ○○일보의 ○

○○ 기자가 다른 미디어의 논단에서 자신의 논지를 펴는 것을 거의 보지 못했다. 하지만 프랑스에서는 이러한 것이 오히려 자연스럽다. 연대 의식과 관용이라는 프랑스적 풍토에서나 가능한 일이기 때문이다.

이 책의 저자인 세르주 알리미의 지적처럼 프랑스의 미디어 또한 권력을 추구하고, 시장 논리에 야합하고, 기자 세계의 공모가 자행되고 있는 것 또한 부정할 수 없는 일이다. 아울러 40여 명의 그랑제콜 출신 기자들이 엘리트주의에 젖어 파벌을 조성하면서 프랑스의 미디어를 좌지우지한다는 비난도 설득력 있어 보인다. 그럼에도 이들이 돋보이는 것은 다른 지성인 엘리트 그룹과 함께 프랑스의 고유한 전통이랄 수 있는 '노블레스 오블리주'를 끊임없이 실천하고, 조국 프랑스의 영광을 위해 노력하는 모습일 것이다. 프랑스 대혁명을 가능케 하고, 시민 사회 건설에 주도적인 역할을 한 것은 바로 백과전서파의 사상을 시민들에게 널리 확대 보급한 신문의 역할이었고, 프랑스 대혁명 정신인 '자유' '평등' '박애'의 정신은 '68 혁명'을 거쳐 1995년 12월의 '사회 개혁 운동'에까지 면면히 이어졌다. 이러한 일들이 가능했던 것은 바로 미디어가 살아 있었기 때문이고, 그 중심에 바로 기자 의무론에 충실한 엘리트 기자들의 사명감이 존재했기 때문이다. 이것이 역자가 생각하는 프랑스 미디어의 힘이라고 말한다면 지나친 해석일까? 프랑스 미디어의 허와 실에 대한 판단은 이제 독자 여러분의 몫이 되었다.

미디어의 힘이 얼마나 큰 것인지를 우리는 지난 대선에서부터 최근의 교육부 총리와 경제부 총리의 사퇴를 통해 그 위력을 거듭 확인한 바 있다. 그만큼 미디어의 책임은 무겁다고 할 수 있다. 사회의 많은 부분에서 민주화와 개혁이 이루어지고 있지만, 이 민주화와 개혁을 외쳐대고, 여론을 주도하고 창달하는 미디어 분야의 민주화와 개혁은 어디까지 왔는지 새삼 묻지 않을 수 없다(미디어의 내용은 차치하고서라도). 국민의 혈세로 운영되는 공영 방송의 경우, 고액의 봉급을 받으면서 진정으로 방송 문화 진작과 국민들의 알 권리 충족을 위해 얼마만큼 노력하고 있는가? 비대해질 대로 비대해진 조직 체계, 수십 명의 임직원과 수십 개의 계열사를 거느린 방만한 운영 등은 어제오늘의 문제가 아니다. 프로그램 또한 어떠한가? 시청률 올리기에 급급한 프로그램의 운영, 예컨대 이 채널을 돌려도 연속극, 저 채널을 돌려도 연속극 아니면 오락성 프로가 판을 치고, 가끔씩 볼 만한 프로다 싶으면 으레 편성되는 심야 시간대…… 8시 연속극의 흥미와 오락성에 따라 저녁 9시 뉴스의 시청률이 달려 있다는 사실이 전설적인 애기가 된 지는 이미 오래다. 명품 핸드백 사건으로 잘 나가던 방송의 프로가 사라지는 해프닝이 일어났고, 사주와 노조와의 갈등으로 모 방송국은 방송 중단이라는 초유의 사태까지 벌어지기도 했다. 그렇다면 신문은 또 어떤가? 무가지를 돌릴 경우 벌금에 처한다는 보도까지 나왔지만, "○○일보를 구독하면 5만 원짜리 백화

---

1) 대기자의 등용문이라 할 수 있는 '에콜 드 주르날리즘(École de Journalisme)' 중에서 파리와 리옹 소재의 그랑제콜이 가장 유명하며, 이 학교에 들어가기 위해서는 대학입학자격시험(일명 '바칼로레아(BAC)')에 합격한 후, 그랑제콜 준비반에서 최소 2년간의 시험 준비 과정을 거쳐 입학시험을 통해 입학할 수 있다. 수업 기간은 4년으로 전공은 기자·리포터·오디오 비주얼·프로듀서 등으로 구분되어 4년 동안 나눠진 전공에 따라 실기 위주의 철저한 수업을 받는다. 따라서 이 학교를 졸업하는 학생들은 자신의 전공 분야, 즉 기자·리포터·프로듀서 등의 분야에서 곧바로 일을 시작할 수 있다. 이외에 파리정치학교(IEP)를 졸업해도 기자가 될 수 있다. 파리정치학교 또한 그랑제콜 중의 하나로 주로 정치나 경제·행정에 관심 있는 사람들이 졸업하며, 이 학교를 졸업하면 대다수의 사람들이 국립행정학교에 지원하여 프랑스 최고의 엘리트를 꿈꾼다. 이처럼 프랑스의 엘리트 그룹은 처음부터 철저히 준비되고 훈련된다.

점 상품권과 7개월 무료 혜택을 주겠으니 ○○일보로 신문을 바꾸라"는 절대로 뿌리치기 어려운 유혹을 뒤로 하고 집으로 돌아온 것이 바로 이 글을 쓰고 있는 2005년 3월 15일 대전 도심 한복판의 상가 앞에서 일어난 일이다. 발행 부수를 공개하는 신문이 과연 그 많은 중앙 일간지 중에서 몇 개나 되며, 신문인지 광고지인지 구분할 수 없는 신문의 조판은 독자들의 짜증을 불러오기에 충분하다. 그렇다면 우리의 주간지는 어떤가? 더욱이 지역 신문의 상황은 어떠한가…?

다행스럽게도 최근 들어 미디어 분야에서 많은 변화의 움직임이 감지되고 있지만, 아직도 갈 길이 멀다고 평가한다면, 이것 또한 미디어에 문외한인 역자의 지나친 해석일까?

부디 프랑스의 현직 기자가 쓴 이 프랑스 미디어 세계에 대한 솔직한 고백록이 우리 미디어 발전의 한 계기가 되기를 간절히 바랄 뿐이다.

마지막으로 인문학의 전통을 고수해 오던 내로라 하는 출판사마저도 돈이 되는 책의 출판에 경쟁적으로 뛰어들고 있는 출판계의 현실에서도 경제성과는 전혀 관계없는 인문학 서적의 국내 번역을 고집하며 온 정열을 쏟고 있는 동문선 신성대 사장님께 이 자리를 빌려 감사드린다. 그 열정에 조금이라도 힘이 될 수 있다면 더 이상 바랄 것이 없겠다. 아울러 이번에도 편집과 교정 작업에서 애써 준 동문선 편집부원들께 감사드린다.

2005년 3월 봄 鳥棲山下에서, 역자 김영모

색 인

김영모(金永模)
프랑스 니스대학교 박사과정(D.E.A.) 수료
프랑스 파리-소르본대학교(Paris IV) 문학박사
현재 카이스트(KAIST) 대우교수
저서: 《프랑스 문화와 예술》(공저) 《프랑스 문화》(공저)
《중세 프랑스어 연구》(2003년 문화관광부 추천 우수학술도서)
《프랑스어 동사활용 대사전》《중세 프랑스어 형태론 연구》 등
역서: 《프랑스 지성인들의 12월》 등

현대신서
184

새로운 충견들

초판발행 : 2005년 7월 25일

東文選
제10-64호, 78. 12. 16 등록
110-300 서울 종로구 관훈동 74
전화 : 737-2795

편집설계 : 劉泫兒 李惠允

ISBN 89-8038-546-3 94330
ISBN 89-8038-050-X (세트: 현대신서)

東文選 文藝新書 173

세계의 비참 (전3권)

피에르 부르디외 外

김주경 옮김

사회적 불행의 형태에 대한 사회학적 투시——피에르 부르디외와 22명의 사회학자들의 3년 작업. 사회적 조건의 불행, 사회적 위치의 불행, 그리고 개인적 고통에 대한 그들의 성찰적 지식 공개.

우리의 삶 한편에는 국민들의 일상적인 삶에 대해 무지한 정치 책임자들이 있고, 그 다른 한편에는 힘겹고 버거운 삶에 지쳐서 하고 싶은 말조차 할 수 없는 사람들이 있다. 이들을 바라보면서 어떤 사람들은 여론에 눈을 고정시키기도 하고, 또 어떤 사람들은 그들의 불행에 대해 항의를 표하기도 한다. 물론 이들이 항의를 할 수 있는 것은 자신들이 그 불행에서 벗어나 있기에 가능한 것이다.

여기 한 팀의 사회학자들이 피에르 부르디외의 지휘 아래 3년에 걸쳐서 몰두한 작업이 있다. 그들은 대규모 공영주택 단지·학교·사회복지회 직원, 노동자, 하층 무산계급, 사무직원, 농부, 그리고 가정이라는 세계 속에 비참한 사회적 산물이 어떠한 현대적인 형태를 띠고 나타나는지를 이해하고자 했다. 그들이 본 각각의 세계에는 저마다 고유한 갈등 구조들이 형성되어 있었고, 그 안에서 발생하는 고통을 직접 몸으로 체험한 자들만이 말할 수 있는 진실들이 있었다.

이 책은 버려진 채 병원에 누워 있는 전직 사회복지 가정방문원이라든가, 노동자 계층의 고아 출신인 금속기계공, 정당한 권리를 찾지 못하고 떠돌아다닐 수밖에 없는 집 없는 사람들, 도시 폭력의 희생자가 된 고등학교 교장과 교사들, 빈민 교외 지역의 하급 경찰관, 그리고 이들과 함께 살아가는 수많은 사람들의 만성적이면서도 새로운 삶의 고통을 이야기한다.

東文選 現代新書 81

영원한 황홀

파스칼 브뤼크네르

김웅권 옮김

"당신은 행복해지기 위해 사는가?"

당신은 왜 사는가? 전통적으로 많이 들어온 유명한 답변 중 하나는 "행복해지기 위해서 산다"이다. 이때 '행복'은 우리에게 목표가 되고, 스트레스가 되며, 역설적으로 불행의 원천이 된다. 브뤼크네르는 그러한 '행복의 강박증'으로부터 당신을 치유하기 위해 이 책을 썼다. 프랑스의 전 언론이 기립박수에 가까운 찬사를 보낸 이 책은 사실상 석 달 가까이 베스트셀러 1위를 지켜내면서 프랑스를 '들었다 놓은' 철학 에세이이다.

"어떻게 지내십니까? 잘 지내시죠?"라고 묻는 인사말에도 상대에게 행복을 강제하는 이데올로기가 숨쉬고 있다. 당신은 행복을 숭배하고 있다. 그것은 서구 사회를 침윤하고 있는 집단적 마취제다. 당신은 인정해야 한다. 불행도 분명 삶의 뿌리다. 그 뿌리는 결코 뽑히지 않는다. 이것을 받아들일 때 당신은 '행복의 의무'로부터 해방될 것이고, 행복하지 않아도 부끄럽지 않게 될 것이다.

대신 저자는 자유롭고 개인적인 안락을 제안한다. '행복은 어림치고 접근해서 조용히 잡아야 하는 것'이다. 현대인들의 '저속한 허식'인 행복의 웅덩이로부터 당신 자신을 건져내라. 그때 '빛나지도 계속되지도 않는 것이 지닌 부드러움과 덧없음'이 당신을 따뜻이 안아 줄 것이다. 그곳에 영원한 만족감이 있다.

중세에서 현대까지 동서의 명현석학과 문호들을 풍부하게 인용하는 저자의 깊은 지식샘, 그리고 혀끝에 맛을 느끼게 해줄 듯 명징하게 떠오르는 탁월한 비유 문장들은 이 책을 오래오래 되읽고 싶은 욕심을 갖게 한다. 독자들께 권해 드린다.　　　　　— 조선일보, 2001. 11. 3.